悩まない人の考え方

——1日1つインストールする一生悩まない最強スキル30

木下勝寿　北の達人コーポレーション
代表取締役社長

ダイヤモンド社

「何も考えていないバカ」ではなく、
「悩みから自由な賢人」になりたい人へ

世の中には、**悩みがなさそうな人**がいる。

いつも明るくハツラツとしていて、
何があってもずっとポジティブ。
手ひどい失敗をしてもへっちゃらで、
何度でも壁にぶつかっていく。

彼らは「悩める人」にこう言う。

「ウジウジ考え込んでいないで、
まず行動すればいいんだよ」

それって本当だろうか？

たしかに私たちは、悩みに時間を奪われたくない。
できることなら、「悩まない人」になりたい。

けれども、私たちは

「何も考えていないバカ」

になりたいわけでもないのだ。

根拠なきポジティブは、ただの現実逃避だ。

彼らは悩みから目を背けて、
問題にフタをしているにすぎない。

考えることを放棄して、

「前向きな自分」を

でっち上げるのはやめにしよう。

むしろ、

「きちんと考えること」

こそが、

悩みから自由になるカギなのだ。

しかし、同じ物事を考えているのに

「悩んでしまう人」と

「悩まない人」

がいるのは、なぜだろう？

その違いは「考え方」にある。

真の「悩まない人」は、
ふつうの人とは異なる
独自の「思考プロセス」
を踏んでいるのだ。

逆にいえば、
「悩む人」と
「悩まない人」の違いは
考え方にしかない。

悩む人のほうが、
悩みのタネが多いわけではないし、
「悩まない人」のほうが、
トラブルが少ないわけでもない。

違っているのは、
物事をどう考えるかだけ――。
「考え方」を変えさえすれば、
だれでも「悩まない人」に
なれるのだ。

「どうしてあんなことで
悩んでいたんだろう……」

人生を振り返ってみたとき、
そう感じた経験が一度でもあるだろうか？

答えがＹＥＳなら、
ぜひこの先のページを読み進めてほしい。

その人は間違いなく
「悩まない人の考え方」の素質があり、
その一部を
すでに実践できているから。

大切な心のリソースを
悩みに割《さ》くのはもうやめにしよう。
余計なモヤモヤに煩《わずら》わされない
すがすがしい自分を取り戻そう。

はじめに

私はここ20年以上、まともに悩んだことがない。


こういう話をすると、「それは人生が順調だからでは?」と言われる。

私は2000年に「北の達人コーポレーション」の前身となる会社をゼロから立ち上げ、上場企業にまで成長させた。

その実績だけを取り上げれば、たしかにすべてがうまくいっているように見えるだろう。

とはいえ、たった一人で資本金1万円で起業し、東証プライム上場企業になるまでには、ふつうの人の人生に比べてはるかに多くの困難にぶち当たっている。**その途中のプロセスにおいては、数えきれないくらいの失敗や苦難があった。**

経営者というのは「悩みのタネ」には事欠かない職業である。

身体が大きくなれば、あちこちをいろんなところにぶつけるように、事業の規模や範囲が拡大すればするほど、各所から相談事やトラブルが次々と持ち上がってくる。

いまでも日々、思いどおりにいかないことはいくらでもある。

ギリギリの判断を迫られて迷うこともあるし、「嫌だな……」とか「ツライな……」と感じることも挙げればキリがない。

苦労自慢をするつもりはないが、**ふつうの人が私の人生を肩代わりすることになれば、たちまちストレスで潰れてしまうだろう。**

しかし、どんなことがあっても、私自身は悩まない。

それは決して〝**悩みを解決できているから**〟**ではない。**

文字どおり〝**最初から悩んでいない**〟**のだ。**

「メンタルの強さ」は幻想である

じつをいうと、起業してから2年ほど経った頃、私は詐欺に遭ったことがある。

大学卒業後、新卒で就職したリクルートを辞めて起業したものの、最初はなかなか売上が立たず、会社は超低空飛行の状態が続いていた。

「事業が軌道に乗るまでは自分の給料をゼロにする」と決めていた私は、兼業で稼いだアルバイト代とサラリーマン時代に貯めた貯金とで食いつなぐ日々を送っていた。

騙されたのは、ようやく大きな売上が立ち始め、そろそろ自分の給料を取れそうになった翌月のことだ。

取引先（だと思っていた詐欺グループ）に商品を持ち逃げされ、１２０万円のお金が飛んでしまったのである。

これは当時の私の全財産だった。

けれども翌日、私はいつものように仕事に戻っていた。

売上回収のメドがついたからではないし、詐欺師たちが逮捕されたからでもない。つまり、何か問題が解決したわけではないのだ。

もちろん、お金が戻ってこないことにはヘコんだし、私を騙した人たちには腹が立った。

それでも私は、この出来事によって悩むことはなかった。

翌日には何もなかったかのように、手を動かし続けていた。

むしろ、**いつもより機嫌がよかったくらいだ。**

なぜそうだったのかは後ほど説明する。

断っておくが、私はもともと強靭な精神力を持っているわけではない。

若い頃には人並みにあれこれ悩んだ。

たぶん世の中には、生まれながらにして能天気な人は存在する。

過酷な状況を耐え忍ぶ、鋼のようなメンタルの持ち主に出会ったこともある。

だが、少なくとも私はそういう人間ではない。
極度に悩みやすいわけではないが、別にすごく心が強いわけでもないのだ。
面倒なことがあれば嫌だなと感じるし、やせ我慢ができる辛抱強さもない。
イチかバチかの勝負に打って出るような度胸もない。
つまり、**心はまったくの凡人である。**

凡人の心を持った私が、なぜいまに至るまで悩まないでこられたのか？
それは、私が**「悩まない人の考え方」をインストール**しているからだ。

世の中には「悩まない人」＝「メンタルが強い人」または「ポジティブ思考な人」という誤解が蔓延している。しかし、悩むかどうかと、メンタルの強さ（メンタルタフネス）、ポジティブ思考は関係がない。
違いは、「悩まないスキル」を持っているかどうかだけだ。

日頃から悩みがちな人、まさにいま何かに悩んでいる人は、「性格を変えなければ……」「もっとメンタルを鍛えなければ……」と思う必要は一切ない。

「悩まない人の考え方」をインストールすれば、だれでも一瞬で「悩まない人」になれるからだ。

「成功しても悩みが消えない人」の共通点

仕事や人生がうまくいく人は、たいていこの考え方を身につけている。

彼らは「**うまくいっているから悩まない**」のでは決してない。

「**悩むことに時間を費やさないから、いつでも物事をうまく進められる**」のだ。

逆に、たとえ**どれだけ優秀で努力を惜しまない人でも、「悩まない人の考え方」を身につけていないと、成果や成長は長続きしない。**必ずどこかで行き詰まるタイミングがやってくる。

ひとたびつまずくと、そこから立ち直れなくなり、悩みの沼にはまり込んでしまう。その結果、心身に不調をきたす人もいる。

だからこそ「悩まない人の考え方」は、何よりも優先して身につけるべき、最もエッセンシャルなスキルである。

どんなに頭がよくて勤勉で、圧倒的な実績があって、周囲に好かれるような人間性を持っていても、この考え方を蔑《ないがし》ろにしている人は、遅かれ早かれ苦労する。

私は立場上、自社の社員はもちろん、同業者や経営者仲間からも、よく悩み相談を受ける。

その経験からすると、**悩みが多いかどうかは、うまくいっているかどうかとほぼ相関性がない**。

ずっと成績トップを誇っていた人が、あるとき2位に転落し、夜も眠れないほど悩んでいる。

一方で、同じ職場で成績最下位の人が、平然とその隣に座っている。場合によっては、最下位から1つ順位が上がっただけで、大はしゃぎしていたりする。

私の知人である経営者も「収入が減った……」と、ひどく落ち込んでいた。

話を聞けば、前年に6億円だった役員報酬がその年から5億円になったらしい。たしかに1億円の落差は大きいが、ふつうの感覚からすれば年収5億円でも十分にすごい。しかも、彼の会社の業績は堅調で、まだまだ伸びていく可能性すらある。

何も心配することはないのだ。なのに当人は、この世の終わりみたいな顔をしている。

「悩む／悩まない」の違いは、メンタルの強さや能力、社会的評価とは関係がない。

悩みの原因はあくまでも、その人の「考え方のクセ（思考アルゴリズム）」にあるからだ。

「借金5億円でも動じない人」の脳内で起きていること

「信じられない。さすがに5億円もらえれば、たいていの悩みは解消するのでは……?」
「成績2位でも十分にすごいのに……」

そう感じる人も少なくないだろう。しかし、**思考アルゴリズムを変えない限り、どれだけすごい結果を出して何億円という収入を手にしても、人はいくらでも悩めてしまう。**数十年にわたってさまざまな人たちとつきあってきた経験から、私はそう断言できる。

一方、借金が5億円もあるのに、まったくへっちゃらな起業家の知人もいる。彼は休日に上機嫌でゴルフを楽しんでいて、まったく深刻そうな様子はない。いつもニコニコしていて、莫大な借金を抱えている人にはとても見えないのだ。

他人からお金を借りたことがない私からすると、「いや、もうちょっと悩めよ!」とツッコミを入れたくなるくらいだ。

とはいえ、借金5億円の彼が楽しそうに暮らしているのを見ても、私はそんなに驚かない。

「彼がなぜ悩まずにいられるか」が私には手に取るようにわかるからだ。

彼は、決してやせ我慢をしているわけでも、極度にポジティブ（というか無神経？）だったりするわけでもない。

悩みをうまく回避する「考え方のクセ」を身につけているだけなのだ。

私は学生時代から、この起業家と同じような人たちとたくさん交流してきた。

そのおかげで、かなり早い段階で**「悩まない人の思考アルゴリズム」の秘密**に気づくことができた。

悩みから自由になるうえで、**「いま現在、どういう状況にあるか」は関係ない。**

変えるのは「考え方」だけでいいのだ。

「悩まない人の考え方」を体得すれば、どんな窮地も乗り切れるようになる。もしも何か問題にぶつかったとしても、ウジウジ悩んだりすることなく、次の一歩を踏み出すことができる。

「行動がすべてを解決する」に騙されてはいけない

とはいえ、私は暑苦しいポジティブ思考を押しつけるつもりはない。

「どんなときも前向きがいちばん！」
「考え込んでいないでまず動いてみよう！」

そういった空虚な励ましを期待している人は、この本を読まないほうがいい。

世の中の自己啓発書やオンラインサロンなどには、そんなメッセージがあふれている。
それらに勇気づけられ、「えいや！」でアクションを起こした人もいるはずだ。
しかし、その人たちの多くは、思いどおりにいかなくて行き詰まったり、手ひどく失敗したりしただろう。その結果、元どおりの「ウジウジと悩む自分」に引きこもっているかもしれない。

本書が目指すのは、そういう「無謀さ」とは真逆の状態である。

考えることを放棄して、でたらめな行動に打って出ても、悩みはなくならない。

あらゆる悩みは「思考不足」からきているからだ。

問題に心を奪われ思考が停止したとき、人は悩み始める。

だからこそ、これに対処する方法はただ1つ――「考え続ける」ことである。

もはや悩む必要がなくなるまで、問題に向き合い、考えを突き詰めていく――それをあきらめなければ、人は悩まずにすむ。

変わるときは「一瞬」。時間はかからない

「いや、真剣に考えました。それでも答えが出ないから、悩んでるんです！」

「悩みとは思考停止の状態だ」と話すと、こう言って怒り出す人がいる。

悩みを乗り越えるには「考えること」が不可欠だ。しかし、そのためにはひたすらウンウンと唸《うな》って、脳内でぐるぐると考えを巡らせばいいわけではない。むしろ、世の中ではそんな状態を「悩み」と呼んでいる。

そういう人は「考え方」をわかっていないのだ。

物事を考えるときには、**一定の「手順」や「型」**を意識するべきだ。

悩みにはまり込んでしまう人は、いつもそのステップを飛ばしたり誤ったりしている。

ぜひ本書を通じて「**悩まない人の思考アルゴリズム**」をインストールしてほしい。

といっても、そんなに難しい話ではないので安心してほしい。

本質はきわめてシンプルだし、時間のかかるトレーニングも必要ない。

すでに述べたとおり、私自身もかつては人並みに悩みを抱え、ウジウジと考えて身動きが取れなくなるふつうの若者だった。

そんな私が「悩まない人」に変わったときのことはいまでも忘れない。

ある人の言葉を耳にしただけで、パチッと脳内のスイッチが切り替わったのだ。

その間、わずか1分ほど——。

私はその瞬間から「悩まない人」に変身できた。

本書を読む人も、変わるときはきっと「一瞬」だろう。

しかし、その効果は一生モノだ。

人生の限られた時間を「悩むこと」に浪費するのをやめたい人、もっと楽しいこと・夢中になれることに全力を注ぎたい人は、ぜひこの先のページをめくってほしい。

この本を読み終えたときには「**この先、何があっても悩まない人**」に変わっていることをお約束しよう。

木下勝寿

［目次］
「悩まない人」の考え方

悩まない思考の大原則②

問題は「解決」しなくてもいい。

第1部 「悩まない人」は世界をどう見ているか

――問題を問題でなくする思考アルゴリズム

CHAPTER 1

出来事に悩まない

第2部 「悩まない人」は世界をどう変えているか
——問題を「具体的な課題」に昇華させる思考アルゴリズム

24 大きなピンチのときこそ、「できていない自分」をまず疑う。―― 297

25 「成長が止まらないベテラン」がずっと続けていること。―― 307

プロローグ

「悩まない人」が頭の中に持っているたった2つの原則

悩まない思考の大原則①

「思いどおりにいかない」と「うまくいかない」は違う。

「悩みやすい思考パターン」の判別テスト

「悩みとは『問題があること』である」

あなたは、この説明に対してどう感じるだろうか？
次の3つから選び、その理由もセットで考えてみてほしい。

①概《おおむ》ね正しそう
②間違ってはいないけれど不十分
③致命的な誤りがある

そんなに深刻にならなくても大丈夫。
気軽に考えてみてほしい。

この「プロローグ」の目的は、「悩まない人」の具体的な考え方に入っていく前に、その大前提となる「**2つの原則**」をお伝えすることだ。これを押さえておけば、思考アルゴリズムの転換が起こしやすくなる。

先ほどの問いは、そのうちの1つに関係している。
察しのいい人はなんとなく予想がついたかもしれない。答えは「③致命的な誤りがある」である。逆にいうと、直感的に「①概ね正しそう」や「②間違ってはいないけれど不十分」を選んでしまった人には、悩みやすい人特有の「思考グセ」が染みついている可能性が高い。

多くの人が気になるのは、「なぜそういえるのか？」のほうだろう。

「悩み＝問題がある」という考え方には、どんな弊害があるのだろうか？

予定していたルートがダメになった。さて、どうする？

Aさんがある目的地を目指している。そこに行くためには、電車に揺られて15分ほど行く必要がある。

しかしこの日は、集中豪雨の影響で電車が運休となり、Aさんはあらかじめ計画していたルートで目的地に行けなくなってしまった。

ここでAさんはその場にへたり込む。そして、やきもきしながら天候が回復するのを待ち、電車の運転が再開されるよう祈り始める……。

「いったいどうすればいいんだ！　なぜぼくの人生はうまくいかないことばかりなんだ‼」

もしこんな人がいたら？　はっきりいって、かなり愚かだと感じるはずだ。電車がダメならタクシーで向かえばいい。自転車という手もあるし、最悪歩いてもいい。いちいち大げさに嘆いたり、イチかバチかの運転再開に賭けたりせずに、さっさとスマホを取り出して、別のルートを調べればすむ話である。

しかしじつのところ、世の中の悩みというのは、このケースと同じ構造をしている。「悩まないでいいことをいちいち悩んでいる」という意味では、だれもがAさんと大差ないのだ。

なんらかのゴールに向かって行動を取るとき、たいてい人は「こうしよう」という計画や「こうなるだろう」という予測、「こうなったらいいな」という願望を持つ。しかし、いざ行動してみると、たいていそのとおりにはいかない。

その事態を「**問題**」と呼ぶ。たとえば、Ａさんは「電車で15分」というルートを予定していたが、電車が走らないという問題にぶつかったわけだ。

問題が起きたからといって、ゴールをあきらめるしかないかというと、まったくそんなことはない。事前に思い描いていたルートがダメになっただけなので、別のルートに切り替えればいい。

ところが、このとき、なぜかルートの切り替えをあきらめてしまうことがある。アテが外れたことに大きく傷ついてしまうからだ。「当初のルートではゴールにたどり着けない……」という事実に心を奪われ、その場から動けなくなってしまう。初期ルートの周囲をぐるぐる回るばかりで、次のルートに進めなくなる。

これが「**悩み**」の状態だ。Ａさんもどういうわけか、電車のルートがダメになったことに落胆していた。そして、別ルートに目を向けることもなく、いつ運転再開するかもわからない電車を待ち続けているのである。

心が折れてしまう人の盲点
――「思いどおりにいかない」と「うまくいかない」の違い

きわめてシンプルだが、これが「悩みの発生メカニズム」である。世の中の悩みは基本的にすべてこの形に当てはまっている。

なぜ多くの人は問題にぶつかったときに、「別ルート」に目を向けられなくなるのだろう？　どうして1つのアテが外れただけで、ゴールへの道がすべて閉ざされたように感じてしまうのだろう？

端的にいえば、それは「**うまくいかない**」と「**思いどおりにいかない**」をしっかり区別できておらず、両者を混同してしまっているからだ。裏を返せば、「**悩まない人**」と「**悩みがちな人**」**の違いは、この2つを切り分ける発想があるかどうか**なのである。

どういうことか？　まず言葉の定義を確認しておこう。

「うまくいかない状態」とは、目指すゴールにたどり着けない状態である。

これに対し、**「思いどおりにいかない状態」とは、〝予定していたルートでは〟ゴールにたどり着けない状態**を意味している。

そして、**世の中で起きている「問題」の9割は、「思いどおりにいっていない」にすぎない。**

どうやっても目的を達成できない「うまくいかない」の状態はきわめて稀であり、ほとんどは当初の計画が頓挫しただけの途中のプロセスにすぎない。別のやり方を考えて実行すれば、まだどうにでもなるのだ。

前述のとおり、すぐに悩んでしまう人は、両者を区別できていない。そのせいで、実際には計画が「思いどおりにいっていない」だけなのに、物事それ自体が「うまくいっていない」、つまり「万事休す」の状態であるかのように錯覚してしまう。

その結果、落ち込まなくていいタイミングで必要以上に傷つき、Aさんのように「なぜぼくの人生はうまくいかないことばかりなんだ!!」と感じてしまうのである。

「問題→悩み」の変換グセに気づこう

「『思いどおりにいかない』と『うまくいかない』を区別する」——これこそが、「悩まない人」の思考アルゴリズムをインストールするための**第一の原則**である。

この2つを切り分ける思考グセが身についていると、あらかじめ思い描いたとおりに事が運ばないとき、「これは思いどおりにいかなかっただけだ」と考えるので落ち込まなくなる。

もちろん、思いどおりにいかないことは、だれにとっても不愉快である。その感情まで抑え込む必要はない。ただ、「思いどおりにいかなかっただけ。うまくいっていないわけではない」という認識があれば、一時的な思いに押し流されて、大きく傷つき悩むことはなくなる。

冒頭の判別テストに掲げた「悩みとは『問題があること』である」という説明に「そのとおりだ」と感じた人は、おそらく「思いどおりにいかない」と「うまくいかない」を区別できていないはずだ。

もしそうだとすると、目の前に問題が現れたときに、それをいわば自動的に悩みへと変換してしまう「思考グセ」がついていると思ったほうがいい。

問題の9割は「思いどおりにいっていない」だけだ。

したがって、なんらかの問題が起きたことと、それを悩むこととのあいだには、何ら必然的な結びつきはない。問題があるからといって、それをくよくよ思い悩む必要はない。

思いどおりにいかなかっただけなのだから、粛々《しゅくしゅく》と「次の一手」を考え、それを実行しさえすればいいのである。

悩まない思考の大原則②

問題は「解決」しなくてもいい。

「考えたって仕方がない」という落とし穴

「なるほど、『うまくいっていない』ではなく、『思いどおりにいっていない』だけ。たしかに『あきらめたらそこで試合終了』ですもんね。あきらめず前向きにがんばります！」

前節でお伝えした第一の原則に対して、もしこんな感想を持ったら注意したほうがいい。

この人は起きている問題から目を逸らして、悩みをなかったことにしようとする「ポジティブ思考」に毒されている可能性が高いからだ。

「思いどおりにいっていない」という自覚を持つべきなのは、「あきらめずにがんばり続けることが大事だから」ではない。思いどおりにいかなかったことによる「不愉快さ＝主観的な感情」と、思いどおりにいかなかったという「問題＝客観的な事実」とを切り分けないと、適切に問題に対処できなくなるからだ。

安易なポジティブ思考の持ち主は、感情と事実をない交ぜにしたまま、それにフタをして「なかったこと」にしようとする。

「気にしていたって仕方ないさ。あきらめずに前を向いてがんばろう」と言う人は、落胆する気持ちや起きている問題に対して「見て見ぬふり」をしているにすぎない。問題は消えずに残り続けているので、いずれまた同じ問題にぶつかり、結局悩むことになってしまう。

「悩まない人」は、はじめから問題を無視するようなことはしない。しかるべきやり方で、真摯に問題と向き合っている。

第二の原則は、この「向き合い方」に関係したものだ。

「解決」してはいけない——問題対処の3パターン

Bさんは、会社での評価が低いことに悩んでいる。だれからも認められていないような気がしていて、職場でも居心地の悪い思いをしている。

そんな彼女は、あるとき一念発起して仕事に力を入れ始めた。この状況をなんとか打開しようと考えたのである。

しかし、思ったように評価が上がることはなかった。多少の結果は出たものの、上司からは認められなかったのだ。

それ以来、彼女はすっかり意気消沈している。もう一度がんばる覚悟も、別の会社に転職する勇気も持てず、モヤモヤを抱えながらやりすごす日々……。

あなたなら、Bさんにどんなアドバイスをするだろうか？

前節の内容を踏まえるなら、まずBさんの「問題」は、「仕事をがんばったけれど評価が上がらなかったこと」である。それは単に「思いどおりにいかなかった」だけなのだが、彼女は「うまくいかなかった……」という思いにとらわれ、身動きが取れなくなっている。

Bさんはこの問題にどう向き合うべきだろうか？

一般に、問題に対処する際には大きく3つの方法がある。

①問題そのものを解決する
②問題を問題でなくする
③問題を「具体的な課題」に昇華させる

①はいわば正攻法である。

Bさんのケースに当てはめるなら、いま一度、心を入れ替えてさらに仕事に打ち込み、上司が見直すくらいの圧倒的な実績を残すという方策である。

ポジティブ思考の持ち主は「悩んでいたって仕方がない」「今度こそきっと大丈夫」といった励ましによって、再び同じ問題の解決に向かおうとする。しかしながら、少なくとも「悩まない」という観点からいえば、今回は①の対処法は悪手以外のなにものでもない。

なぜなら、Bさんが現在悩んでいるそもそものきっかけは、①のやり方が思いどおりにいかなかったことにあるからだ。このやり方でなんとかなるなら、Bさんは最初から悩んでいないはずだ。

悩みにつながりかねない問題にぶつかったときには、それを真正面から「解決」しようとしてはいけない。

一度うまくいかなかったやり方にこだわり、そのまわりをぐるぐるし始めた途端、人は悩みの沼にはまり込んでいくからだ。

「上司の評価が気に入らない」を一瞬で消す方法

「悩まない人」は、ほとんどの場合、「②問題を問題でなくする」や「③問題を『具体的な課題』に昇華させる」といった対処法を取っている。問題にぶつかったときに、すぐさま「別の向き合い方」を探る思考アルゴリズムが備わっているのだ。

②や③は問題を「解決」するというより、問題を「解消」するやり方だ。「悩まない人」は「問題に対する答えを導く能力」ではなく、**「問題そのものを消し去るスキル」**のおかげで悩まずにすんでいるのである。

これは、一般的に「リフレーミング」と呼ばれている手法に近い。

リフレーミングとは、物事を別の枠組みで捉え直すことを意味する心理学用語だ。つまり、考えるときの前提そのものを変えることで、目の前のネガティブな事態の意味を変えてしまうわけだ。

よくいわれるのは、コップに水が半分入っているときに、水が満たされているのを前提とすると「水が半分しかない」と感じるが、コップが空の状態を前提とすると「水が半分も入っている」という認知が生まれるという例だ。

このように、**前提を変えると、たいていの問題は問題ではなくなる。**

Bさんの例でいえば、そもそも会社で評価されないことは、そこまで大きな問題なのか？どれだけ評価が低かろうと、まったく気にしていない人は現にどんな組織にも一定数いる。「会社で評価が低い＝悪」という前提に立てば、たしかにBさんが肩身の狭さを感じるのはうなずける。だが、仲のいい同僚と日々楽しくすごすことができれば、会社からの評価は低くても、肩身の狭い思いをしなくていいかもしれない。そういう価値観に変換すれば、会社からの評価が低いという彼女の現状はなんら問題ではない。

そして、問題が消えてしまっている以上、もはや悩みは生まれようがない。これがリフレーミングの力である（もちろん、経営者やマネジャーの立場からすれば、メンバーにそのような前提が広がっては困るので、そうならないアクションが求められる。しかしそれはまた別の話だ）。

ポジティブ人間ほど「生きづらく」なるワケ

私はいろいろな人から悩み相談を持ちかけられるが、そのほとんどは次のような型に収まる。

「P（目的）をしたいです。
しかし、a（手段）がないのでPができません。
どうすればaが手に入りますか？」

つまり、この人は「aがない」という問題に悩んでいるわけだ。

このとき、私は「こうすればaが手に入りますよ」という助言はまずしない。むしろ、「**P（目的）のためには、本当にa（手段）が必要ですか？**」と尋ねることにしている。

そして、よくよく聞いてみると、じつはほかにもbやcといった手段があることが見えてくる。つまり、「Pのためにはaが必要」というのは、相談者の思い込みにすぎない。

相談者の前提が「aがなくても、bやcによってPは実現できる」へとリフレームされた瞬間、当初の「aがない」は**そもそも悩む問題ではなくなる**のである。

この対処法とポジティブ思考の違いがわかるだろうか？

ポジティブ思考はただ問題を「無視」しているだけなので、何度でも同じ問題が起こる。そのたびに〝前向きに〟なって、必死で問題から目を背けないといけない。そのうちに悩みのタネがどんどん増えていき、逃げ場がなくなってくる。

一方、思考アルゴリズムによって「解消」された問題は、もう二度と問題にはなりえなくなる。だから、この考え方を身につけた人は、いわば「**どんどん生きやすくなっていく**」のである。

「悩まない人」は、なんらかの問題が持ち上がった瞬間にこの思考アルゴリズムが発動するようになっている。自動的に「ほかにどんな手段があるだろうか？」に目が向くようになっているので、悩むことに時間を奪われずにすむ。

8割の問題はスルーできる。では、残り2割は——？

私自身の経験では、世の中の問題の8割ほどは、前述のやり方で対処できる。

しかし、すべての問題がこのやり方でなんとかなるわけではない。ほとんどの問題は「悩むに値しないもの」として処理できるが、どうにもスルーできない問題が2割くらいある。

「会社の評価などどうでもいい」という前提なら、たしかにBさんは悩みから解放されるかもしれない。だが、その結果として会社にいられなくなってしまえば、それはそれで困ったことになる。

そこで先ほどの「②問題を問題でなくする」と並行してインストールするべきなのが、

「③問題を『具体的な課題』に昇華させる」思考アルゴリズムである。

たとえばBさんは「もっと結果を出さないと、評価が上がらない」と思い込んでいるが、果たしてそれは本当なのか？

過去の評価実績を調べたところ、じつはこの会社が属する業界は変化が激しいので、しょっちゅう会社の方針が変わっていた。そしてそのときどきの会社の状況や方針によって評価されるポイントが変わっていたのだ。つまり、いままでのように目の前のことを一生懸命やっているだけでは、評価が上がらない場合があるということがわかった。

もしそうなら、ただ単に「もっと仕事をがんばる」のは、「評価を上げる」目標には直結していない間違ったルートである。Bさんがやるべきなのは、いままでの仕事をもっとがんばることではなく、いま、会社の状況や方針がどうなっており、そのために重要な仕事は何かをつかみ、その仕事に業務をシフトしていくことだ。ここでは、「目の前の仕事をもっとがんばれば評価が上がる」から「今、会社が求めている仕事をつかんだうえで、がんばれば評価が上がる」へのリフレーミングが起きている。

「やるべきこと」がはっきりしている問題を「**課題**」と呼ぶ。問題が悩みを生み出す一因は、取り組むべき「次の一手」が見つからないことにある。

この例では、「評価が上がらない」というBさんの問題は、「会社の状況、方針をつかむ」という「より具体的な課題」に変換された。問題を正しく解釈し直して「具体的な課題（＝次の一手）」に置き換えた瞬間、たいていの問題は解消するのである。

† † †

「悩まない人」は「問題を問題でなくする思考アルゴリズム」と同時に、「問題を『具体的な課題』に昇華させる思考アルゴリズム」を併せ持っている。この2つに共通しているのが、問題を真正面から「解決」するのではなく、枠組みを変えることで問題を「**解消**」

しようとする姿勢である。ここで2つの原則を整理しておこう。

第一の原則――「思いどおりにいかない」と「うまくいかない」は違う

第二の原則――問題は「解決」しなくてもいい

この2つを忘れなければ、基本的にどんな困りごとがやってきても、悩みに押し流されることはなくなる。メンタルの強さは関係ない。これらはあくまで「物事をどう考えるか」に関係しているからだ。

「2つの原則」を紹介したいま、センスのある読者の中には「もう『悩まない人の考え方』の真髄がわかってしまった」という人もいるかもしれない。

もちろん、「頭ではわかっているつもりだけど、まだ……」という人も心配はいらない。

次からはいよいよ本論に入っていく。読み進める中で、変化を実感できるタイミングはきっとやってくるはずだ。

本論は大きく2つのパートに分かれている。

第1部「悩まない人は世界をどう**見て**いるか」では、「悩まない人」が備えている「**問題を問題でなくする思考アルゴリズム**」の具体論に踏み込んでいく。全体は「**出来事**に悩まない」「**仕事**に悩まない」「**他者**に悩まない」という3つの章に分かれているが、それぞれの内容はゆるやかにつながり合っている。

これに続く第2部「悩まない人は世界をどう**変えて**いるか」では、もう1つの対処法である「**問題を『具体的な課題』に昇華させる思考アルゴリズム**」に焦点を当てる。「基本的な心がまえ」の第1部と比較すると、第2部はより「実践的な内容」となっている。

ではまずは第1部から。

「悩まない人」はいったいどのように世の中を見ているのだろう?

その世界観をあなたの脳の中にまるごとインストールしていこう!

第１部

「悩まない人」は世界をどう見ているか

——問題を問題でなくする思考アルゴリズム

CHAPTER 1

出来事に悩まない

01

悩みは「他人」から生まれない。いつも「自分」から生まれる。

映画館に入ったときのこと――。若いカップルが私の隣の席に座った。上映が始まる前、飲み物を手に持った男性が恋人と話すのに夢中になっている。ふと見ると、彼の手にあるコーヒーカップが斜めになっており、中身のコーヒーがボタボタと私のダウンジャケットにこぼれていた。それでも彼は一向に気づく気配がなく、横を向いてしゃべっている。

私は仕方なく彼の腕をポンポンと叩き、「そのコーヒーがちょっと服にかかっているんですが」と注意した（正直、「ちょっと」というレベルではなかったが）。しかし、その男性は「はあ……どうも」と肩をすくめた程度。暗がりだったのでこちらの被害にピンときていない様子のまま、また彼女と話し込み始めた。

正直なところ、このときばかりはかなり腹が立った。

わざとではないにしても、「すみませんでした」のひとことくらいあってもよさそうではないか。しかも、汚されたのは20万円くらいするダウンジャケットで、けっこう気に入っていた。

そうこうするうちに映画が始まってしまったので、「（帰りがけに声をかけて、クリーニング代を請求してやろうかな……）」と考えた。

こんなとき、あなたならどうするだろう？

先に結末を言っておくと、このときの私は何もしなかった。映画を最後まで楽しんだ後、汚れたダウンジャケットのまま、黙って映画館を出たのである。

なぜそうしたのかは後ほど話そう。

悩んでいるのは「だれのせい」？

悩みやすい人に共通している思い込みがある。「自分の〝外部にある状況〟から悩みが生まれる」という考え方だ。

外部にある状況とは、「他人との人間関係」や「自分を取り巻く環境」などだ。

これらは世界の中で生まれたニュートラルな出来事にすぎない。だから、これだけでは悩みは成立しない。悩みが生まれるためには「それ以外の何か」が必要だ。

では、いったい何が悩みを生み出しているのか？

それはほかでもなく「自分自身」である。人が事実を「悩むべきこと」として受け取ったときに初めて、そこに悩みが生まれる（これを私は**事実の「感情化」**と呼んでいる）。目の前の状況を「悩むべきこと」として解釈しなければ、そもそも悩みは生まれないのである。

「**外部と内部**」「**出来事と解釈**」「**事実と感情**」――こうした2つの切り分けができていないとき、人は悩みに陥りやすくなる。

なぜなら不快な出来事が起こったとき、つい「外部・出来事・事実」のほうを手直ししようとしてしまうからである。しかし、これらを変えるにはかなりのエネルギーが必要になるし、多くの場合は至難の業（というか不可能）だ。

だから人は延々と悩み続けることになる。

「逃げるが勝ち」は部分的には正しい

たとえば、職場の人から嫌がらせを受けているとしよう。

このとき、悩みやすい人は「どうすれば相手がやめてくれるだろう？」と考える。つまり、悩みの原因が「相手」にあると思っているので、その人をどうやって動かすかを考えてしまう。

しかし、このやり方ではうまくいかない可能性が高い。なにせ相手は嫌がらせをしてくるような人だ。こちらがどうこうできないくらいあなたとは考えが合わない可能性が高い。下手に関与しだすと、余計にエスカレートする可能性もある。

「悩まない人」は、「外部・出来事・事実」にはタッチしない。

あくまでも「他者」ではなく「**自分**」に焦点を置く。どのように「自分」を変えれば、悩まずにすむかを考えるのである。

このとき、対処法は大きく2つある。

いちばんシンプルなのは、自分の「場所」を変えることだろう。つまり、不快な人・環境が離れていってくれることを祈るのではなく、自ら動いてそこから距離を取るのである。これによってたいていの悩みは解消する。

しかしながら、この方法は完璧ではない。嫌な人から距離を取っても、向こうから近づいてくるかもしれないからだ。また、自分が不治の病にかかっていれば、病気からは距離を取りようがない。牢獄から抜け出したくても、物理的にその場に縛りつけられていれば、その状況はどうしようもない。

「心の中」をコントロールできるのは「自分」だけ

だから「場所」を変えるより確実なのは、**「内部・解釈・感情」**そのものを変えてしまうことだ。つまり、目の前の事実を「不快なこと」として受け取るのをやめるのである。

実際、真の意味で「悩まない人」は、不快な事実に出くわしたとき、8~9割、このやり方で対処している。彼らは悩みが「外部・出来事・事実」ではなく「内部・解釈・感情」から生まれることをよく知っているからだ。

たとえば、「5億円の借金」というのは単なる事実にすぎない。だから、それを「悩ましい状況」だと解釈しなければ、悩みは生まれないのである。

その究極形ともいうべきは、精神科医・心理学者であるヴィクトール・フランクル（1905~1997）のエピソードだろう。

ユダヤ人のフランクルは、第二次世界大戦下でナチス・ドイツによって強制収容所に送られ、そこで過酷な扱いを受けていた。しかし、その中で彼は「たとえ物理的な自由は奪えても、精神的な自由は誰にも奪うことができない」と気づいたという。

「強制収容所に閉じ込められている」という状況は変えられない。しかし、その状況をどう受け取るかは、フランクル自身の自由である。いや、むしろ、彼にしか決められないと言っていい。

「外部で起きていること」と「心の内部」は、決してイコールである必要はない。外部状況の悲惨さはどうにもならなくても、自分自身の思考や感情はいくらでもコントロールできると彼は気づいたのだ。

彼は、人間の生存にとって最も重要なのは未来への希望だと考え、過酷な環境下でも希望を持ち続けた。そして奇跡的にここから生還を果たした。彼がホロコーストを生き延びることができたのは、単なる幸運以上に、絶体絶命の状況でも希望を失わなかったからだ。

もちろん、フランクルの体験はかなり極端な例である。

しかし、不快な事実の8〜9割は、こちらの受け取り方を変えれば、なんとかなってしまう。要するに、「自分が気にしなければなんともない」というケースがほとんどなのだ。

悩む人は「悩みやすい問い」を立てる

日常生活において例外といえるのは、それを放置したときに「物理的な危険がある場合」「周囲に迷惑がかかる場合」「自分の社会的評価が落ちる場合」くらいだろう。

たとえば、電車の同じ車両に刃物を振り回している人がいたとき、「気にしなければなんともない」とは言っていられない。さっさと逃げ出し、警察に対処してもらうべきだ。

しかし、こうした例外的なケースは、かなり限られている。

たいていは**「内部・解釈・感情」を変えるだけで、ゼロ秒で対処できる。**

先述の職場で嫌がらせをしてくる人に関しても、実際にその嫌がらせによってどのくらい実害があるか考えてみよう。もし、実害がなく、「嫌だな」という感情が発生しているだけなら、「こういう人もいるよね」と思っておけばいいだけの話だ。

「自分」に焦点を置くメリットは、「次の一手」がはっきりすることだ。他人を変えようとすると、時間がかかるし、いずれは必ず行き詰まる。この膠着状態が悩みの元凶となる。しかし、「内部・解釈・感情」を変えるだけなら、いますぐ実践できる。やるべきことがはっきりしているので、悩みが生まれようがないのだ。

・悩みは「外部」ではなく「内部」から生まれる
・悩みは「出来事」ではなく「解釈」から生まれる
・悩みは「事実」ではなく「感情」から生まれる

だからこそ、何か嫌な出来事があったときには、「事態をどう変えようか？」と考えてはいけない。あくまでも「自分はどう変わるべきか？」という問いを「選ぶ」べきだ。悩まないために必要なのは「悩みを生み出すような問い＝事態をどう変えようか？」を捨て、「**自分**」に焦点を置くことだ。

一人で「不快な事実」を見つめ続けていないか？

再び、冒頭の映画館のエピソードの続き――。

お気に入りのダウンジャケットを汚され腹を立てていた私だが、映画が始まると同時に急速に怒りは収まっていった。


横目で観察すると、コーヒーをこぼしたのは、20歳くらいの男性だった。クリーニング代を請求するならおそらく2万〜3万円。若い人にはバカにならない金額だ。私がそんなことを言い出せば、デートを楽しんでいた彼は一気に絶望の底に突き落とされるだろう。

映画館は薄暗い。彼にはこちらの汚れがしっかり見えなかったのかもしれない。それに、まだこれくらいの年齢だと、ミスをしてもきちんと頭を下げられないものなのだろうか。

だとすると、小さな子どもやペットに服を汚されたのと変わらない。クリーニング代を請求するのは大人げないような気がしてきた。

「失礼な若者に飲み物をこぼされ、おまけに謝罪も補償も得られない」という出来事は変えられない。私だけがその出来事を「感情化」して苛立っている。

その若いカップルはもちろん、まわりのお客さんたちも、私のそんな気持ちに気づくことなく、スクリーンを観ながら映画を楽しもうとしている。その中でただ一人、私だけが自分の心のスクリーンに映った「腹立たしい出来事」を見つめ、勝手に怒りの感情を生み出そうとしている。

だとすると、この状況を「腹立たしい出来事」として受け取るのをやめたほうが手っ取り早い――。

このような思考プロセスが私の中で瞬時に立ち上がり、怒りの感情を処理してくれた。

その間、わずか10秒ほど――。おかげで私も映画を楽しむことができた。

「信じられない……」「絶対に向こうが悪い！」「クリーニング代を請求するなり、しっかり謝罪をさせるなりすべきだ！」と言う人もいるだろう。

しかし、まさにそうした思考グセこそが、悩みを生み出す元凶なのである。

悩む人ほど「起きている事実」を変えようとする。だから他人に補償や謝罪を求めてしまう。

しかし、若者がきちんとお金を払えるかはわからないし、ひょっとすると逆ギレしてくる可能性すらある。そうなれば、いっそう悩みのタネが増えるだけだ。

悩まないためには、焦点を「自分の外」に置いてはいけない。「起きている事実」は変わらないのだから、「それをどう受け取るか」を変えればいい。

悩みは「他者や世の中」からは生まれない。

悩みを生み出すのは常に「自分自身」。

だから悩まないためには、自分を変えるのが〝いちばん手っ取り早い〟のである。

02 できるだけ早く「9回」失敗しよう。

新しい種類の家電を買うとき、あなたはどうやって商品を選んでいるだろうか？

ネットの口コミを参考にする人、スペックやデザインを徹底的に比較・調査する人、家電量販店で実物を触ってみてから決める人、なんとなく直感で選ぶ人など、さまざまだろう。

私の場合、「最初はいちばん安いものを買う」と決めている。

以前はいろいろ情報収集して候補を絞り込み、最終的に「これだ」と惚れ込んだ商品を買うようにしていた。

しかし、そうした家電製品選びに何度も失敗してきた。

いざ実物を使い始めてみると、ボタンの位置が不便だったり、機能面で微妙な物足りなさがあったりする。また、メーカーがやたらとアピールしている新機能は、使ってみると、思ったほど必要性がない場合もあった。ただ、ひとたび決め打ちで商品を買ってしまうと、なんだかすぐに買い替えるのも憚《はばか》られ、ズルズル使い続ける羽目になる。

そういった残念な経験を何度かしてきたので、事前リサーチをするのはやめてしまった。その結果たどり着いたのが、「何も考えずいちばん安いものを手に取る」という手法である。

「悩まない人」になるための思考アルゴリズム
――「10回に1回の法則」

前に、「思いどおりにいかない」と「うまくいかない」の違いについて触れた際、ほとんどの物事は、あらかじめ想定していたようには運ばず、「問題」にぶつかるという話をした（48ページ）。計画や戦略を立てても、最初から思いどおりにいくことはない。大半は「失敗」する。

余計なことに悩まないためには、失敗の捉え方も重要になる。

「悩まない人」ほど「たぶん最初は失敗するだろう」と考えながら臨む。思いどおりにいかないことを前提に、失敗を織り込んだ計画を立てているので、計画がコケてもいちいちショックを受けずにすむのだ。

逆に、悩む人は「絶対に思いどおりにいかせよう！　絶対に失敗を避けよう!!」と考えるクセがある。がんばれば失敗を避けられると思っているので、思いどおりにいかなかったときに必要以上に落胆する。予定していた電車ルートがダメになってヘコんでいたAさんや、仕事をがんばったのに評価が上がらず意気消沈していたBさんは、まさにこの典型といえるだろう。

私は常々、この世界には「**10回に1回の法則**」があると考えている。つまり、人が何かに本気でトライした場合、最初の9回は必ず失敗し、最後の10回目で必ず成功するようにできているという考え方だ。

これもまた、「悩まない人」になるために、欠かせない思考アルゴリズムである。「10回に1回の法則」を前提としていると、物事が最初から思いどおりにいかなくても、悩むことはなくなる。9回目までは失敗するのが当たり前だからだ。

多くの人は一発目で成功させようとし、その可能性に賭け、祈ってしまう。だから、失敗したときに大きく傷つき、悩みにはまり込んでしまう。

一発目で思いどおりにいく人を「天才」という。しかし、大多数の人は天才ではない。最初から成功するはずはなく、必ず「9回の失敗」が先行する。

一発目で外して人前で落ち込んでいる人は、「私は自分を『天才』だと思っています」と公言しているようなもの。ちょっと恥ずかしがったほうがいい。

わざと失敗するくらいでちょうどいい
――なぜ「いちばん安い家電」を買うべきか?

「10回に1回の法則」を前提とすると、失敗そのものの受け取り方が180度変わる。失敗するのが「当たり前」になるだけでなく、むしろ失敗が「望ましいもの」に意味を変えてしまうのである。

この世界観のもとでは、物事に成功する最も確実な方法は「できるだけ早く9回の失敗を積み重ねること」。10回目にはどうせ成功することが確定しているからだ。

逆に、まず9回の失敗をしない限り、成功にたどり着くことはできない。つまり、1回失敗すれば、その分、着実に成功に近づいたことを意味する。


ときどき、「何回やってもうまくいかないんです……」と落ち込んでいる若手社員がいる。しかし、よく話を聞いてみると、実際には2~3回しか失敗していない場合が多い。「10回に1回の法則」で考えるなら、あと6~7回は思いどおりにいかないと思ったほうがいい。「自分は向いていない……」と悩む必要はまったくない。その後にくる10回目にはどうせ成功するからだ。

それならば、さっさと9個の失敗をかき集めたほうがいい。**わざと失敗するくらいでちょうどいい**のだ。


実際、どんな物事も、失敗から学ぶのがいちばん手っ取り早い。

だから私は、わざと早めに失敗するようにしている。

これが最初に「いちばん安い家電」を買うようにしている理由である。

低機能の安物を買って実際に使えば、もちろんいろいろな不都合が出てくる。しかし、それらをひととおり体感すると、その家電に対して「ここがもっとこうだったらいいのに」「これに関しては私には特に必要がない」ということがわかってくる。そして、それをもとに自分にとって重要な条件を定めて、改めて同じ家電製品群を比較検討すると、「自分にとってベスト」な製品を選ぶことができるようになるのだ。

家電に関するありとあらゆる不満（＝失敗）をわざと体験することで、確実に成功できる状況をつくれば、ベストな買い物ができる。最初に買う安物は、言ってみれば「リサーチのための小さな投資」であり、買い替えにもそこまで躊躇《ちゅうちょ》しないですむ。

これはいわゆる「テストマーケティング」と同じ考え方である。

試験的に商品を市場に投げ込んでみてなんらかの「失敗」が起きれば、それは〝儲けもの〟。本格リリース前に問題やリスクの1つを、事前に潰せたことになるからだ。

テストマーケティングとは、「潰すべき失敗要因を抽出する行為」である。

大切なのは、**小さく試すことで「あえて」失敗を積み上げること**なのである。

「勝率91％の世界」に飛び込む方法

「10回に1回の法則」には続きがある。

あなたが9回の失敗を経て、10回目で成功したと考えてみてほしい。

このとき、11回目には何が起きるだろうか？


もちろん「成功」である。

11回目だけではない。12回目も13回目も成功する。

「10回に1回の法則」の世界観においては、11回目以降は「**全勝**」するのだ。


法人営業をしているCさんがいる。

新規クライアントを獲得するため、Cさんはまず1社目にアプローチし、「不要です」

と断られる。これにより「aという条件の会社はこのサービスを買わない」ということがわかる。

Cさんが2社目にアプローチするときは、条件aに当てはまらない会社を選ぶ。2社目には違う理由で断られることになるが、このときCさんは「bという条件の会社にもアプローチすべきでない」という学びを得る。

さらに3社目には、aとbに該当しない企業を選ぶ。だが、ここでも「いりません」と言われてしまう。

ふつうの人はこのあたりで心が折れ、「自分は営業には向いていない……」「そもそも製品がよくないのかも……」などと、悩みモードに入ってしまう。しかしCさんは、「10回に1回の法則」の考え方をインストールしていたので、悩むことはない。訪問先に断られるたびに「買わない顧客の条件」を集め、それに当てはまらない会社にどんどん営業先を絞り込んでいった。

すると、「買わない顧客の条件」が9個集まったとき、ようやく10社目で見事に受注できた。そう、「失敗」とは「避けるべき条件」の洗い出し作業にほかならないのだ。

肝心なのはこの先だ。11社目以降は思いどおりに受注を取れる。「買わない顧客の条件」を押さえきったCさんは「買う顧客」を選ぶ方法を身につけているからだ。その観点で見つけた顧客に100社までアプローチすれば、残りの91社はすべて受注できる。

つまり、「10回に1回の法則」の先に待ち受けているのは、100戦91勝9敗、すなわち「勝率91%」という無敵の世界なのである。

「9タイプの失敗」がわかれば、どんな分野でも無敵になれる

あなたのまわりには何をやってもすべて思いどおりにいく人がいるかもしれない。

だが、そんな人を見て、「あの人は特別なんだ……」「自分には才能がない……」と考えるのは間違いである。

その人が「全勝」状態にあるのは、すでに最初の「9回の失敗」をくぐり抜けたからにすぎない。

注意すべきは、ただいたずらに9回コケればいいわけではないということ。

Cさんは失敗するたび、「うまくいかないパターン」を学び、次のトライアルでそのパターンを必ず避けるようにしていた。

つまり、「9回の失敗」とは、厳密には「9種類の失敗パターンの体得」を意味している。少なくとも9タイプの失敗を避けていれば、大コケすることはない。これが「無敵状態」のからくりである。


一方、悩みがちな人ほど「やってみないとわかりません」と言う。

しかし、「勝ちに不思議の勝ちあり、負けに不思議の負けなし」といわれるように、どの分野においても、「完全に失敗するパターン」は存在する。特にビジネス分野では、現実にやってみなくてもわかることは意外と多い。

いつまでも「やってみないとわかりません」と言っている人は、失敗パターンを学ぶ経験・意欲が不足しているにすぎない。

まず9回失敗しよう。そして9種類の失敗パターンを学ぼう。

そのパターンを避ければ、その分野で悩むことは何もなくなる。

03 なぜ「運がいい人」ほど〝災難〟を愛するのか？

成功している社長仲間で会食すると、たいてい「失敗自慢大会」が始まる。自分がどんなにひどい失敗をしたかを語り合って楽しむわけだ。

経営者が集まる場では、まともな人ほど成功自慢はしない。会社経営はまさに「上には上がいる」ので、中途半端な自慢話は興醒めだし、私の知人たちはみんなそれなりに成功しているので、うまくいった話をしても盛り上がらないのだ。

勢いのあるベンチャーや中小規模の上場企業の社長は、基本的に「異常に仕事ができる人」である。裏返せば、「仕事〝しか〟できない、かなり偏った人」も多い。

そのため、彼らが失敗を語り出すと、とんでもないエピソードが飛び出してくる。特に、プレーヤーとしてはものすごく優秀なのに、マネジメント能力が著しく欠落している社長の場合、過去の社員問題などはボロボロである。

「朝、オフィスに行ったら、社員がだれもいなくてね。机に辞表がズラーッと並んでいたんですよ」といった話は何度も耳にしたことがある。

すると別の社長が「ぼくは40億円の借金をしたんだけど……」と笑いながら話し始める。さらに負けじと次の人が「私は横領に遭って会社を潰してしまったことがありまして……」と続くわけだ。

みんな自分の失敗談をとてもうれしそうに話す。

もちろん、私もその一人だ。

詐欺で全財産を失った話

「はじめに」で触れたとおり、私は起業2年目に全財産を失う詐欺に遭った。33歳のときのことだ。

私が経営する「北の達人」は、いまでは健康食品や化粧品などを扱っているが、もともとは北海道の特産品をネット経由で販売する会社としてスタートした。当時は「ネットでそんなものは売れないよ」と散々言われたが、徐々に売上が立つようになってきた。

そんななか、120万円ほどで仕入れた商品を180万円でまとめ買いしてくれる業者が現れた。アルバイト数人に給料を払うのが精一杯で、自分は給料ゼロの実家暮らし――そんな状況だった私にとって「売上180万円・利益60万円の取引」はかなりおいしい話だった。

しかし、いざ取引をして約束の入金タイミングがきても、お金が入ってくることはなかった。

商品はすでに相手に渡してしまっており、モノだけをそのまま持ち逃げされた格好だ。あわてて訪ねていった事務所は、とっくにもぬけの殻。入口には「倒産しました」の貼り紙があるだけで、彼らとは直接連絡を取ることもできなかった。

法律では、株式会社は有限責任なので倒産すると支払い義務がなくなる。それを悪用して倒産させる前提でいろいろな商品を仕入れて転売し、現金を手に入れたうえで「計画倒産」させて支払い義務を逃れるという「取り込み詐欺」の手法だ（もちろん違法行為）。

そして、私の手元には、仕入分の代金1２0万円の請求書だけが残った。

奇しくも当時、口座にはちょうど1２0万円があった。それまでの事業でコツコツ稼いできた大切なお金だ。これを支払うと残高はゼロになり、私は全財産を失うことになった――。


断っておくと、私だって最初から相手を信じ切っていたわけではない。

こういう詐欺の手口があることは知っていたし、その被害に遭った人の話もたくさん知っていた。

だから、最初に話があったときにも取り込み詐欺を疑い、確認のために直接オフィスに足を運んだ。現場には年配の人から若手、中年の女性など4、5人の男女がいかにも社員らしく仕事をしていて、担当者もやさしげな人だった。

それでも私は警戒心を持ち続け、その業者の登記簿謄本も取り寄せたが、社歴も長く実績のある会社だった。

そうやって石橋を叩いた後で取引を決断したので、「(もしこれで詐欺なら本当のプロだな……)」と考えていたのである。

そしてフタを開けてみると、彼らは本当にプロの詐欺集団だった。

思い返してみると、気づけるチャンスがなかったわけではない。訪問したオフィスには、やたらとバラバラな種類の商材がたくさん積み上がっており、「(えらい手広くいろいろ手がけてる会社だな……)」と不思議に思っていたのだ。

取り込み詐欺は、短期的にいろいろな会社から手当たり次第にたくさんの商品を取り寄せ、そのまま持ち逃げする。バラバラに置いてあった在庫は、ほかの会社から騙し取った商品だったのだ。

取り込み詐欺の会社は大阪にあったが、登記簿上の創業地は横浜になっていた。業歴は長かったが、事業内容がまったく違っていた。要するに、業歴の古いまったく関係ない休眠会社を買い取って隠れ蓑にし、長年の実績がある企業のように見せていたわけだ。これもまた詐欺グループの常套手段である。

「過去」は変えられないが、「過去の意味」は変えられる

ふつうの人は「過去に起きたことは変えられない」と思っている。だから、何か悪いことがあると、そのことが頭を離れず、ぐるぐると悩み始めてしまう。

一方、「悩まない人」は「出来事そのものは変えられなくても、過去に起きた出来事の〝**意味**〟はいくらでも変えられる」ことを知っている。このときの私も、そうやって出来事の**解釈**を変えることで、特に悩まずにすんだ。

自分が詐欺に遭ったとわかったとき、私はもちろん大きく落胆した。

ようやく事業が安定する兆しが見え、まさにこれからというタイミングに、積み上げてきた全財産が一瞬で消え去ってしまったのだ。詐欺師たちが憎くてたまらなかったし、詐欺を見抜けなかった自分にも腹が立った。

とはいえ、この感情は1時間も持続しなかった。それは当時の私がすでに「起きている出来事」と「その解釈」とを切り分ける思考アルゴリズムを持っていたからだろう。そして私の脳は、この不愉快な出来事を別の形で解釈し始めたのである。

知人の起業家たちと話していると、かなりの割合の人が騙されたり裏切られたりするツラい経験をしている。大きく成功している人ほど、どこかのタイミングでだれかに手ひどく騙されているのだ。

ただし、それが起業1年目なのか、売上10億円を超えた年なのか、上場1年目なのか、引退1年前なのかは選べない。当然、事業が大きくなってからのほうがダメージは大きくなりやすい。

そう考えると、最も初期の段階で「わずか１２０万円」を奪われるだけですんだ私は、かなりラッキーだった。手元にあった120万円がなくなっただけで、借金が増えたわけではない。もし、事業規模が100倍に成長した段階だったら、1億2000万円を失っていた可能性だってあるのだ。その規模だと詐欺被害によって借金を抱えることになっていたかもしれない。

この段階で「小さな痛手」を経験できた以上、私はもう二度と同じ詐欺に遭うことはないだろう。人生の貴重な授業料と考えれば、これはかなり割安だと思うようになったのである。

いまとなっては詐欺被害の体験は、私にとって「愛すべきエピソード」になっている。これによって私も会社も一気に成長できたし、実際、講演の場でも「鉄板トーク」の1つとして使い倒してそこそこウケている。120万円を騙し取られたおかげで、その何倍もの額を稼がせてもらったと言っていいくらいだ。

「運がいい人」には「失敗を喜ぶクセ」がある

私にとっての愛すべき失敗は、これだけではない。

いま会社がうまくいっているとすれば、それはすべて「思いどおりにいかなかった過去の経験」のおかげである。数々の問題や失敗があったからこそ、「こっちは行き止まり」「あっちはやめたほうがよさそう」と軌道修正を繰り返し、いまの位置までたどり着くことができた。

過去の失敗はすべて、私にとってとんでもなく貴重な宝なのだ。

前述のとおり「北の達人」は、現在、健康食品や化粧品をメイン商材にしている。かつては北海道特産品を扱っていたが、これらには「季節変動が大きい」という弱点があった。そのため、注文がピークを迎える12月の繁忙期には、発送や受注処理などのバックヤード対応が追いつかなくなった。カニやホタテのような生鮮食品の在庫は保存用の冷凍設備が必要で、梱包にもとても手間がかかる。商品を保管したり届けたりするだけでも、かなりのコストがかさんでしまう。そして、ある年の年末、業務がパンクして商品が発送できず、機会損失が生まれてしまった。

私はこれをきっかけに、これらの問題点をすべて書き出した。そして、「それを回避できるビジネスの条件」を洗い出した。その結果たどり着いたのが、健康食品や化粧品といった現在のラインナップである。これらは季節性がなく、在庫管理や流通の効率性もきわめて高い。

北海道特産品を扱ったときの苦労を経験していなければ、「北の達人」は現在の効率的なビジネスモデルにはたどり着けなかった。その意味では「かつての失敗」には感謝してもしきれないのである。

85ページでは、「思いどおりにいかない事態＝失敗」の受け取り方を変える「10回に1回の法則」を紹介した。「失敗」を「学び」へ自動変換するこの思考アルゴリズムがインストールされると、目の前の失敗をなんとも思わなくなる。

さらに、私のように「失敗の積み重ね→成功」というループを経験していると、何か手痛い経験をするたびにむしろ**脳がワクワク**しだすようになる。脳が「どうせこれも将来に役立つネタになるな……」と予測し、**自動的に喜びを〝先取り〟**し始めるわけだ。頭の中に「**失敗を歓迎する回路**」が構築されたと言ってもいいだろう。

この思考アルゴリズムを身につけた人は、もはや災難と成功のあいだに「因果法則」が見えるようになる。人生では悪いことが起きるが、それをきっかけとしてなんらかの変化が生まれ、最初の悪いことを上回る「いいこと」が起きるのだ。

こうなると、もはや絶対的な意味で「悪いこと」は起きなくなる。ツラいこと・よくないことが起きるたびに、ごく自然にそれを「いいこと」の予兆として受け取れるようになるからだ。すべての出来事が「ラッキー」または「ラッキーの前触れ」に変わってしまう。

このマインドを身につけた人を「**運がいい人**」と呼ぶ。

運のよさとは「ラッキーな出来事」に出合う確率の高さではなく、**すべての出来事をラッキーなものとして解釈できるスキル**にほかならないのである。

失敗自慢大会でまわりがあっと驚くしくじりエピソードを披露する社長がいると、私は内心「（どデカい失敗ができてうらやましいなあ……。まだまだ自分は甘ちゃんだな）」という気持ちになる。

彼らの話を聞いているうちに、自分は大した苦労もなく、いまの場所までたどり着けてしまった気がしてくるのだ。

そのことを妻にポロッと話すと、「何を言っているの！」とピシャリと言われた。妻からすると、私はこれまでものすごい数の失敗をして、とんでもないピンチをくぐり抜けてきたらしい。しかし、それを失敗やピンチと思っていないので、出来事そのものを忘れてしまっているだけなのだという。

たしかに妻の言うとおりなのだろう。横で見ている妻はいつもハラハラしているが、私はいつも1ミリも悩んではおらず、心はずっと超然としている。それはそれでちょっと申し訳ないなと思う。

†　†　†

04 真の問題の9割は「お金」では解決しない。

私は、起業を考えている人からよく相談をされる。

よくあるパターンの1つが「資金がなくて困っている」という悩みだ。

たとえば、「これから有機野菜を売る店を開きたい」というDくんがやってきたとしよう。

彼の悩みは大きく2つ。1つは「お店をつくるには資金が必要だが、そのアテがない」こと。もう1つが「野菜を仕入れる提携先農家が見つからない」こと。

さて、あなたなら、Dくんの悩みにどう答えるか?

もし手元に10億円あったら……投資？　起業？　政治家？

まず、どんな相談事についてもいえるが、本人が「○○さえあれば……」と思っていることは、たいてい思い違いである。「○○」が手に入ったところで、問題の解決・解消にはつながらないことが多い。

相談者も心のどこかでそれをわかっているのかもしれない。なのに、なぜそんなことを言っているかといえば、考えたり行動を起こしたりすることを先延ばしにしたいからである。そのための「言い訳」として「○○がないからできない」と言っているだけなのだ。

なかでも**最も〝便利な〟言い訳が「お金」である**。「お金がないからできない」と言っておけば、行動を起こさなくてすむ。

「もし突然、10億円をもらえることになったら、みなさんどうしますか？」

以前、レオス・キャピタルワークス創業者の藤野英人《ふじのひでと》さん（1966年生）が、SNSでこんな質問を投げかけていた。

コメント欄を見ると、たくさんの人が答えていたが、それに目を通した私はちょっとびっくりした。集まった答えのほぼすべてが「10億円なくてもできること」か「10億円あってもできないこと」のどちらかだったからである。

たとえば、「将来性のある企業に投資します」という答え。これは別に10億円なくても、いますぐできる。手元資金を投資し、お金が貯まってきたら投資額をもっと増やせばいい。

また、「起業します」と言う人もたくさんいた。しかし、会社をつくるのにも10億円など必要ない。資金ゼロでもできるし、「北の達人」も資本金1万円でスタートした。

一方、「本当に日本のために働く政治家になります」という答えもあった。だが、10億円あるからといって、素人がいい政治家になれるのか。それに、たとえ政治家になれたとしても、10億円程度では国の役に立つようなことはできないだろう。本当に日本のために何かしたいなら、いますぐ立候補して政治活動を始めればいいだけの話だ。

みんな、それぞれに夢を抱いている。けれども、それに向かって行動を起こせない。このとき、「行動を起こさない言い訳」として「お金」が機能している。しかし、それらはすべて「お金がなくても、いますぐできること」だ。

「お金があれば……」と嘆く人が「お金があっても」変わらない理由

私は起業して以来現在まで、一度として「お金さえあれば○○できるのに……」と感じたことがない。

「いつも儲かっていて、手元にお金があったから」ではない。お金に苦労したことは何度もあるし、創業から2年間は役員報酬がゼロだったので、食べていくには昼間に別のアルバイトをしなければならなかった。

しかし、そのことで悩んだことはない。どんな問題があっても、そのほとんどはお金では解決できないとわかっていたからである。私はこれまで多くの問題に向き合ってきたが、「お金があったおかげでなんとかなった」経験は一度もない。

だから、お金がないことで悩んでいる人、特に資金集めに奔走している起業家などを見ると、正直なところ「無駄な時間の使い方をしているな……」と感じる。

たいていの問題は、お金がなくても対処できる。

問題に立ち向かうときにいちばん大事なのは**「思考」**と**「行動」**だ。考えることをあきらめず、しかるべき行動を取れれば、お金なんて必要ない。

こう考えれば、「お金がない」せいで悩むことはなくなる。

考えてみてほしい。「お金でなんとかする」というのは、いわば「お金を払って他人に問題を解決してもらうこと」にほかならない。

「自分以外にその問題を確実に解決できる人がいる」ときに初めて、このやり方はうまくいく。逆に、自分以外でその問題に対処できない場合は、いくらお金があってもどうにもならない。

東日本大震災が起きたとき、あまりの被害に心を痛めた世界中・日本中の人たちから、多額の義援金やたくさんの物資が集まった。そして現地に駆けつけたボランティアの人たちも大勢いた。被災地には「ヒト、モノ、カネ」がすべて集まった。しかし、実際にはそれだけではうまく機能しなかった。それぞれをうまくオペレーションできなかったからである。人はたくさんいるが、誰が、どう、何をすれば、がれきを撤去できるかわからない。物資はたくさんあるが、どこの誰が何を何個必要としていて、それをどう届けたらいいかわからない。お金はあるが、それをどう使って目の前の問題を解決すべきかわからない。その結果、被災現場にはどうしていいかわからない手持ち無沙汰のボランティア、行き場のない支援物資があふれかえっていた。

そして、あるベンチャー起業家が現地を訪れた際、被災地支援の最大の問題が「マネジメントスキルを持った人がいないこと」だと気づいた。現場には混乱の中で道筋をつくるベンチャー起業家のような人材が必要だった。そこで彼は仲間の起業家たちに声をかけて現地に集合させ、お金やモノをうまく分配したり、ボランティアの人たちを指揮する仕組みをつくっていったのである。これにより、ようやくさまざまな問題が解決されていった。

お金やモノだけがあっても問題は解決しない。
思考できる「人」・行動できる「人」がいない限り、事態は動いていかないのだ。
逆にいえば、そういう「人」さえいれば、お金は大して必要ないのだ。

「1億円を集められる人」の2つの条件

「北の達人」では、商品販売のために数億円単位の資金をネット広告に投じている。月々の具体的な金額を明かすと、「え、そんなに⁉」と驚かれる額だ。

なかには、「さすがにそれだけお金をかければ、だれだって成果が出せるでしょうね」と言い出す人がいる。しかし、これは単なる思慮不足と言うほかない。

そもそも、私たちは1万円分の広告投資をして1万2000円の売上総利益(売上−原価)をつくるところからスタートしている。それを1万回積み重ねることで、1億円分の広告で、1億2000万円分の売上総利益を上げている。

「大金があるから成果が出せる」のではなく、「小さなお金で成果を出し、それを繰り返すことで大金で成果を出している」ので、小さなお金で成果を出せない人は大金があっても成果は出せない。

もし確実に1万円で1万2000円の売上総利益を出せるなら、それを1万回繰り返せば1億円を1億2000万円にできる。だから、「この人は確実に1万円で1万2000円の売上総利益を出せる」と判断されたら、銀行も投資家も喜んで1億円を貸してくれるので、資金に困ることはない。1億円を貸してもらえないのは、1万円を1万2000円にすることすらできないからである。

本当に必要なのは、「1億円」ではなく、「1万円を1万2000円にできる**頭脳と行動力**」である。「資金がないからできない」と悩んでいる人は、この点においてまったくの問題外だと言っていい。

自分でつくった前提条件に縛られていないか？

ここまでの話を踏まえながら、先に触れた「有機野菜の店を開きたいDくん」の相談について考えてみよう。

63ページ以降で見たように、たいていの人は「目的Pのためには手段aが必要」と考えているが、このaそのものが単なる思い込みであるケースが多い。こういう先入観に惑わされないためには、最終目的を見直し、そこから逆算していく必要がある。

Dくんの最終目的は「有機野菜を売ること」――。ここから逆算したとき、彼の悩みはすぐに解消してしまう。

たとえば、Dくんは「店の開業資金がないこと」について悩んでいるが、そもそもこの目的を果たすために、本当に店舗をつくらないといけないのだろうか？

とにかく有機野菜を売りたいなら、わざわざ店を持たなくても、トラックを使った移動販売で十分だ。トラックと駐車場も自分で所有する必要はない。だれかにクルマと場所を借りて即売会を開けば、「有機野菜を売る」目的は達成される。

また、「提携先農家が見つからない」という悩みも、彼の思い込みから生まれている。そんなことをしなくても、有機野菜は仕入れられるからだ。

たとえば、少し遠い町に行って農協や道の駅などに売っている有機野菜を買ってきて、それを地元で売ってみればいい。最初のうちは、仕入値と同じ売価でもかまわない。もちろん、それだと利益は出ないが、確実に売れることがわかってから本格的に事業化しても遅くないはずだ。そうやって顧客リストや販売実績をつくったうえで交渉したら、提携先農家や銀行も喜んで取引してくれるだろう。

「事業を始めるには資金がいる」という理屈は、現代ではまったく通用しない。特にネットビジネスの世界では、資金ゼロでスタートした企業は珍しくない。それこそ有機野菜だって、道の駅などで買ってきたものをフリマアプリで売ってもいいはずだ。そうやって固定客をつくってから、自社サイトで販売するのもいい。そしてさらに儲かればお店を開けばいい。ヤフー、グーグル、メタ、マイクロソフトなどは、そもそも学生がほぼ資金ゼロで始めたビジネスだ。**資金ゼロでも世界企業すらつくれるのが現代だ。**

こう考えていくと、「開業資金がないから」「提携先農家がないから」というのは、Dくんにとって悩みの原因にはなりえない。

「お金がないから」「実績がないから」と言っている人は、だいたい前提条件を見誤っている。最終目的から逆算すれば、たいていのことにはお金はいらないのだ。

05

「作戦どおり」を祈るな。「ラッキー」に賭けるな。

Eさんは100日で「1000万円の売上」をつくらないといけない。

そこで、彼女はaという戦略を立てた。このやり方なら、1日あたり10万円の売上が見込めるので、100日後には売上1000万円を達成できる。

戦略aを実行に移したところ、早くも初日に12万円の売上となった。Eさんは大喜びして、この調子なら100日後に目標を大きく超えるだろうと思った。

ところが、2日目には数字が9万円に落ち込む。彼女は首を傾げながらも、それくらいは誤差の範囲内だろうと考えた。

しかし、翌日からは低調が続く。初日と同じやり方をしているにもかかわらず、3日目は7万円、4日目は8万円、5日目は6万円。この時点で1日平均8・4万円しか売れていないので、このままだと1000万円の達成は危ぶまれる状況だ。

6日目、Eさんは何をしたか？

何もしなかったのだ。戦略aが思いどおりいってくれることに賭け、粛々と同じことをやり続けた。1日の終わりに売上が10万円を超えていなければ「今日もダメだった……」と落胆し、「明日こそはうまくいきますように！」と神頼みをする。ごく稀に10万円を超えている日があると、「やった！　思いが通じた！　明日もうまくいくといいなぁ」と少しだけホッとする。まさに一喜一憂の精神状態だ。

しかし、全体の数字が上がらないので、いつも気が気でない。食事もおいしくないし、夜もなんだか寝つきが悪い。家族とすごしていても、どこかうわの空で、疲れが取れなくなってしまった。

そして100日後――。

彼女は1日もサボることなく、仕事をやり続けた。しかし、総売上は680万円……。目標の1000万円を大きく下回る結果となり、彼女はかなり落ち込んでしまった。

Eさんはいったいどうすればよかったのだろうか？

なぜ、悩む人ほど「神風」を期待するのか

一定の目標を達成したいとき、人は「こうやって実現しよう」という戦略を立てる。

特にビジネス上の目標の場合、戦略性は欠かせない。多くの人は「どうすれば目標を達成できるか？」にあれこれ知恵を絞り、一定のプランを立案していく。

戦略が大事なのはビジネスだけではない。旅行するときには道順を決めたり所要時間を見積もったりするし、テストに合格したい人は学習計画を立てたりする。

「悩みやすい人」と「悩まない人」とでは、戦略に対する向き合い方が大きく異なってい

る。

「悩みやすい人」によく見られるのが、目標達成の方法を決めた瞬間、それを「実行すること自体」が目的になってしまうパターンである。「あらかじめ決めたこと」を「あらかじめ決めたやり方」でやり抜くことだけに意識が行ってしまい、どれだけ目標達成に近づいているかが忘れ去られてしまう。

こういった思考グセが染みついている組織やチームでは、「決めたことをきちんとやっているか」だけをマネジャーが管理しようとする。「どうだ？　ちゃんとやっているか？」「はい、作戦どおり抜かりなくやっています！」といった調子だ。いくら計画どおり実行していても、そもそもの戦略が見込どおりの成果を上げていなければ、目標は達成できない。そのまま失敗に向かって突き進んでいくだけである。

しかし、途中でみんなが「（あ、このやり方はうまくいかないかも……）」と内心うっすら気づいていても、最初に決めたことを最後まで遂行しようとする。「（運がよければここから逆転できるかも……）」「（なんとかうまくいってくれ〜！）」などまったく非合理な期待や希望を持ちながら、ただ同じことを「がんばって」しまうのだ。

こういうときに、「このままだとうまくいかないと思うんだけど、どうしますか？」と私が聞くと、「あきらめずにがんばります！」「うまくいくと信じています！」と答える人がいる。これは単なる精神論としてもかなり稚拙きわまりない。

いままでと同じ行動を取っておきながら、いままでと違う結果を期待する——これほど理不尽なことがあるだろうか？

本人としては「がんばっている」つもりなのだが、その状況を抜け出すために何かやっているわけではない。ただ「天に運を任せ、祈っているだけ」。思いどおりにいくかどうかが外部環境次第なので、状況が変わるたびに心が揺さぶられることになる。

これがメンタルには相当な負担になる。神風が吹くことを期待している限り、いつまでも悩み続けることになるのである。

〝一点買い〟ギャンブラーの危険性

では、「悩まない人」は、戦略とどう向き合っているのか？

ここには大きく2つの要素がある。

①達成確率100％の戦略づくり
②最終目的から逆算した戦略改善

まず「①達成確率100％の戦略づくり」について見ていこう。

「悩まない人」は、最初に決めた戦略には「うまくいく保証」がどこにもないことを知っている。そこでどうするか。合計の達成確率が100％になるよう、複数の戦略を用意するのである。

たとえば、戦略aがうまくいく確率が50％としよう（この見積りは感覚値でOK）。

ふつうの人はこの1つの戦略だけを握りしめて実行フェーズに入り、「うまくいきますように」と祈ってしまう。

しかし「悩まない人」は、戦略づくりの段階で「うまくいかない確率50％」を補完するべく、さらに2つの戦略b・cを用意しておく。それぞれの達成確率は次のとおりだ。

・戦略a――達成確率50％
・戦略b――達成確率30％
・戦略c――達成確率20％

こうして達成確率合計100％分の戦略を3つ用意することで、戦略aがうまくいかなければ戦略bに、戦略bがうまくいかなければ、戦略cに切り替えられる状態をつくり、目標を「絶対達成できる」状況をつくるのである。

ちなみに、戦略aが失敗したときには戦略bに移行すると同時に、並行して不足した成功確率50％分の戦略dを考えて補充し、100％を維持する。1個で50％のものができればベストだが、成功確率25％のものを2つでもいい（戦略dとe）。

最初から戦略aしかなければ、aがダメなときは完全に止まり、次の戦略を考えることになるが、このやり方だと、戦略bをやりながら戦略dとeを考えるので動きが止まらない。そうこうしているうちに、戦略bとcが成功してしまえばdとeの戦略は今回は不要になるが、次の目標達成に向けての戦略立案時に使える貴重なタネになる。

戦略をつくる段階で、この考え方ができている人は、実行フェーズに入ってからも悩むことはない。この戦略には「祈る」余地がどこにもないからだ。

悩む人ほど、1つの戦略だけを「一点買い」して、それが当たるように神頼みモードに入ってしまう。もちろん、その運頼みのギャンブルが、たまたまうまくいくこともある。だが、次も「当たり」を引き当てられる保証はない。

最初の戦略を握りしめ、「玉砕」する人、しない人

「達成確率100％の戦略」といっても、しょせん「計画」である。未来のことはだれにもわからないので、思いどおりの成果が出ないことは十分ある。

とはいえ、Eさんのように「何もしないこと＝祈りながら同じ戦略にしがみつくこと」を選ぶのは、「目標達成」という面でも「悩まない」という面でも望ましくない。

ここで必要となるのが「②最終目的から逆算した戦略改善」である。

つまり、戦略を実行していきながら、その都度、目標に近づいているかをチェックし、それが思いどおりに進んでいなければ、途中で戦略を改めていくのである。

戦略を見直すタイミングは早ければ早いほどいいし、かなり細かいサイクルで見直してもいい。極端な話、Eさんも1日1回ペースで戦略改善していけば、99回の戦略見直しができたはずである。

戦略の「改善」といっても、中途半端な微調整は避けたほうがいい。

いったん戦略の遂行を完全に取りやめ、ゼロから別の戦略をつくり直すべきである。

少なくともいまの戦略ではうまくいかないことがわかっているなら、いままでの延長線上で考えてはいけない。また、これまで戦略の準備に要したコストが無駄になっても気にしてはいけない。

「悩まない人」は、「これではうまくいかなそうだ」と感じた瞬間、迷わず手を止め、新しい複数の戦略をつくろうとする。「決められた戦略を決められたとおりにやること」はまったく重要ではなく、あくまでも「目標達成」がすべてに優先することを忘れていないからである。

多くの人は目標達成に向けて「戦略の策定」という思考活動に1%、戦略の実行に99%の時間を使っている。

「悩まない人」は「戦略の策定・見直し」という思考活動に30%、戦略の実行に70%の時間配分で取り組んでいる。

もちろん、どんなことにも「やってみないとわからない要素」はある。

しかし、考えることをあきらめなければ、未来の大部分はコントロールできる。

私の実感では、ビジネスの世界で「思考が及ばない範囲」は3割程度。逆にいうと、残りの7割は思考でカバーできる。

「祈り」の対象をできる限り少なくし、「思考」や「行動」の領域を広げていこう。

06 すべての悩みは「1時間集中」で消える。

悩みにはある種の「中毒性」がある。

ものすごく悩んでいるように見える人がいても、何も考えずにいきなり手を差し伸べるのはおすすめできない。だれもが本気で悩みを解消したがっているわけではないからだ。

なかには、「悩んだままでいたい人」もいる。どれだけ不快な感情に悩まされていようと、イライラやモヤモヤを抱えた自分をどうにかしたいとは考えていないのだ。

そんな人には、本書は無用だろう。「こう考えれば、悩みが解消しますよ」と伝えても本人にはまったく響かないし、下手をすると相手を怒らせることにもなりかねない。そっとしておくべきだ。

「長年の悩みの解消には時間がかかる」という思い込み

一方で、本書をここまで読んできた方は、多少なりとも「悩んでしまう自分」をなんとかしたいと思っているはずだ（「悩んでいる自分が大好き」という人は、時間の無駄なのでこの先を読むのはやめたほうがいい）。

しかし、多くの人は「悩みを解消できる自分になりたい」と思いながらも、いつのまにか「悩むのが好きな人たち」と似た思考パターンに陥っていることがある。

数年来の悩みがある場合、ふつうの人は「ちょっとやそっとのことでは解消しようがない。悩みが消えるにはものすごい時間がかかる」と決めてかかってしまう。

この負の思考アルゴリズムのおかげで、本来は取るに足らない問題が、人生を左右する大問題に思え、ますます身動きが取れなくなる。「悩んでいる自分」が常態化し、悩みに愛着が生まれてしまっている状況である。

「悩みが消える1秒」を待つだけの人、自分からつくれる人

「悩まない人」は、これとは真逆の考え方をする。

つまり、「**悩んできた期間」と「悩みの解消に必要な時間」とのあいだには、まったく相関性がない。**

どんな積年の悩みも一瞬で消すことができるし、逆に、しかるべき考え方をしないと、些細な問題が何十年にもわたって悩みのタネになりかねないのである。

ずっと悩んできたことがほんの一瞬で解消した――そんな経験がある人は、少なくないだろう。

「これをなんとかしないと、もう生きていけない！」というくらい真剣に思い詰めていた長年の悩みが、ある人のちょっとしたひとことや表情、本で読んだ一節、映画の一場面などをきっかけに、フッとかき消えてしまう。学生時代を振り返ってみると、「あれは何だったんだろう……」というような悩みの記憶が1つや2つはあるはずだ。

「どうしても許せない人」や「顔を思い出すのも嫌な人」がいたのに、あるときその人間関係がなんともなくなる。相手が不愉快な行動を取るメカニズムや背景がわかると、一発ですべてを許せてしまう（この思考アルゴリズムについては213ページ以降で詳述）。

そう、悩みが「消えるのは一瞬」なのである。

悩む人と「悩まない人」の違いは、この「一瞬」が偶然やってくるのを受け身で待っているのか、それを自ら意図的に生み出せるかにある。

悩む人は問題を必要以上に深刻に受け止め、「これはちょっとやそっとのことでは解決しない」「時間がなんとかしてくれるのを待つしかない」と考えるクセがついている。

逆に、「悩まない人」はどんな悩みも一瞬で解消すると知っているので、悩みに気づいたときに〝その場で〟なんとかしてしまう。この思考アルゴリズムが作動するようになると、問題にぶつかって悩みが生まれそうになった〝瞬間〟に思考が動き出すので、もはや悩み自体が発生することがなくなる。

自動的に悩みの〝持ち帰り〟がなくなる「ピッパの法則」

では、その「一瞬」を意図的につくり出すには、どうすればいいのか？

答えは簡単。**その場ですぐ考えるか**、できない場合は「**いつ考えるか**」**をその場で決めるのである。**

「**ピッ**と思いついたら、**パッ**とやる」——拙著『時間最短化、成果最大化の法則』で登場した「**ピッパの法則**」である。

ピッパを意識しながら仕事をすると、タスクの滞《とどこお》りがなくなる。次々と仕事をこなしていけるので、**仕事のキャパが10倍**になるのだ。

これは「悩み」にも応用できる。「ピッパの法則」を使うと、いろいろな問題が滞留せず、常に心の中が〝軽い〟状態になるので、悩みに落ち込むことがない。

「その場でちゃんと考えています。それでも答えが出ないから悩んでいるんですよ！」

そう反論したくなった人もいるだろう。だが、本当にそうか？　本当に「この時間からこの時間まで、この問題について考えよう」と決め、真剣に問題に向き合ったのだろうか？

おそらくそうではないはずだ。何かほかの作業をしているとき、歩いたりクルマの運転をしたりしているとき、シャワーを浴びているとき、布団に入って眠ろうとしているときなどに、「ああでもない」「こうでもない」と意識をさまよわせているだけで、本気で結論を出そうとしていない。**「悩んで」いるだけで「考えて」いない**から、悩み解消の「一瞬」が訪れないのは当然である。

「忙しくてしっかり考える時間が取れないんです」

こういう人も多い。だが、どんな深刻な問題であろうと、**1時間あれば十分**だ。いちばん手っ取り早いのは、その「1時間枠」をスケジュール帳に書き込むことだ。それなら、いますぐできるはずだ。

もちろん、判断材料に必要な情報収集にはある程度の時間がかかる。しかし、それをもとに答えを出す時間はそんなに必要ない。

国家の存亡に関わる重大な決断、会社の将来を左右する意思決定ですら、人が本気で考えているのはせいぜい1時間程度。実際、何日もかけウジウジ考えるより、短時間に集中して決めるほうが精神衛生的にもいい。

「時間を決めること」と同じくらい大事なのが「**書き出すこと**」である。

フリーハンドで腕組みをしながらボーッと考えていると、思考は堂々巡りを始める。これでは1時間で結論を出せない。問題を検討する際は、必ず文字でアウトプットすべきだ。必ず紙とペン、またはPCやスマホを手元に置いて考えよう（具体的な方法は295ページ）。

CHAPTER 2

仕事に悩まない

07

「できない」は存在しない。「やらない自分」を認める。

「あなたは1兆円企業をつくれますか？」

そう尋ねられたら、大半の人が「つくれません」と答えるだろう。

ふつうの人は物事を「自分にできるか、できないか」で捉え、難易度が高ければ「できないこと」「実現不可能なこと」と考えるクセを持っている。

そして、こうして生まれる「できない自分」はしばしば悩みのタネになる（1兆円企業がつくれなくて悩む人は、ほとんどいないだろうが）。

一方、「悩まない人」は、これとはまったく別の思考アルゴリズムを持っている。

少し驚かれるかもしれないが、彼らの世界観からすると、「1兆円企業をつくれません」という答えは、端的に言って「誤り」である。

なぜなら、1兆円企業をつくることは「できる」からだ。

どういうことか説明しよう。

他人が実現したことは、必ず自分にも実現できる

1兆円企業をつくる大変さはさておき、すでに世の中には時価総額が1兆円を超えている企業が山ほどある。つまり、1兆円企業をつくった人は現に何人もいるわけだ。

だとすれば、それは物理的に不可能なことではないはずだ。つまり「できること」である。

「できる／できない」という観点で見たとき、世界中にだれか一人でも実現している人がいるなら、それは「できること」である。可能性が0％ではないからだ。

悩みがちな人は、「自分に実現できる／できない」をまず考えてしまう。
しかし、「悩まない人」はまず先に「この世界において実現できる／できない」を考える。
要するに「できる」の射程が違うのである。

「でも……結局、『自分にできる』のでなければ、意味がないのでは？」

そう問いたくなる人もいるだろう。たしかに、「世の中でだれかが実現している」と「同じことを自分が実現できる」は、ひとまず別の事象である。
しかし、「悩まない人」はここでも立ち止まらない。「だれかが実現したことはすべて、自分にも実現できる」と考える。なぜそんなふうに考えられるのか？

一人でも実現している人がいた場合、次に目を向けるべきは「なぜその人はそれを実現できたのか？」である。1兆円企業をつくれた人は、どうやって1兆円企業をつくったのか？　自分が1兆円企業をつくるには、何が必要なのか？　そうした条件ややり方を徹底的に調べ尽くしていくのである。

完全に調べ尽くしてまったく同じことを実践すれば、理論的には1兆円企業をつくれるはずだ。だから、「すでにだれかが実現していること」は「自分にも実現できること」なのである。

「できる／できない」は「能力がある／ない」と関係ない

こう話しても、まだ納得いかない人も多いだろう。

「いくら『1兆円企業をつくる方法』が完全にわかっても、それを自分が実践できるとは限らないのでは？」

「『1兆円企業をつくる方法』を実践できたのは、〝彼ら〟が明晰な頭脳とずば抜けた精神力を持つスーパーマンだからで、〝自分〟のような凡人にはそもそもそれを実行に移すことすらできません！」

お決まりの反論だが、これも先ほどと同じ手法で乗り越えられる。つまり、今度は「なぜ彼らがその手法を実行できたのか？」を突き詰めていけばいいのだ。

たとえば、彼らが「多彩な人脈があったからできた」ということなら、その多彩な人脈をどうやってつくったのかを調べるのだ。

このように理由を徹底的に調べ尽くしていけば、「『1兆円企業をつくる方法』を実践する方法」がわかる。それがわかれば、「『1兆円企業をつくる方法』を実践できる人」になれるはずだ。

ここからわかるとおり、「できる／できない」は、「能力がある／ない」とは関係がない。

やり方がわからないことにぶつかったときに、

①すでにできている人を探す
②その人ができている理由を明らかにする
③わかった方法をそのまま実行する

というサイクルを立ち上げられるかが、両者の明暗を分けているにすぎない。

多くの人は、自分ができていないことに気づいたとき、「できている人の秘密」を知ろうとしない。「自分にはできない」「あの人にはできる」と〝結果〟の部分だけに目を向け、コンプレックスを抱いたり自信を喪失したりしていく。

一方、「悩まない人」は「あの人にはできているのに、自分にはできていないこと」を見つけると、真っ先に「その差分が何に由来しているのか？」という〝原因〟を見極めようとする。そして必要とあらば、「できている人」のやり方をそのままマネして、差分を埋めようとする。

このような思考アルゴリズムがある人にとっては、「実現できないこと」はもはや存在しない。すべては「**まだ実現できていないだけのこと**」へと意味を変えるからだ。

「1兆円企業をつくりたくない人」はどうすべきか？

ここでもう1つ注意点がある。「やり方がわかる」と「やり方を実践する」は別物ということだ。つまり、それを「やるかやらないか」は自分次第なのだ。

「物理的に実現可能だが、それには多大な労力がかかる」
「実現するのにかかる時間を、もっと別のことに使いたい」
「それを実現することに、そもそも魅力を感じない」

こんなときは、いくら「やり方」がわかったとしても、それを実行には移さないだろう。理由は簡単。「やりたくない」からである。

たとえば、「1兆円企業をつくる方法」や「それを実践する方法」がすみずみまで完璧にわかったとしても、万人がその方法を実行に移すわけではない。

1兆円企業の創始者になるには、人生の大部分を仕事に捧げる必要がある。犠牲にすべきことも少なくないはずだ。ほかのことに時間を使ったほうが、もっと幸せな人生を歩めそうなら、やり方がわかっていても、わざわざ1兆円企業をつくろうとは思わないだろう。

ただし、そういう人は「1兆円企業をつく**れ**ない」のではなく、「1兆円企業をつく**ら**ない」のである。つまり、「できないからやらない」のではなく、「やりたくないからやらない」のだ。

「悩まない人」は、物事を「できる／できない」ではなく、「**やる／やらない**」という「自分の意志」の軸で捉えている。したがって、「あなたは1兆円企業をつくれますか？」と問われたとき、「悩まない人」の答えは次のどちらかになる。

「(やり方がわかったので)**つくれます。つくってみたいのでやってみます**」

「(やり方がわかったので)**つくれます。つくりたくはないのでやりません**」

日常のさまざまな場面、特に仕事では、このような考え方のほうが悩まずにすむ。「できない」からは悩みが生まれるが、そのやり方を知り尽くしたうえで「やらない」と自分の意志で決めたなら、悩む余地はなくなる。

大切なのは「できない自分」ではなく「**やらない自分」を自覚**することなのだ。

「いつも無茶振りされる人」に共通する思考グセ

世の中には「上司から無理難題を言われて悩んでいる人」が少なくない。

私もさすがに「1兆円企業をつくって」とまでは言わないが、社員に「これをどうにかして」と依頼することがある。そのとき、すぐに「これはどうにもできません」「絶対に実現不可能です」と言い出す人がいる。

「できない」が口グセになっている人は、必ずしも能力が低いわけではない。むしろ、経験がそれなりにある人ほど、条件反射的に「できません」と言ってしまう。つまり、そんな思考アルゴリズムが脳に染みついているのである。

彼らが言う「できない」「実現不可能」は、99%が〝ウソ〟である。

なぜなら、その後に私が少し調べてみると、すでに実現している事例が見つかるからだ。「できない」という答えを出すのは、せめてそうした事例の成立背景やエッセンスを抽出してからでも遅くないはずだ。「すでにこれを実現している企業の事例はありますが、彼らには◯◯という特殊事情があるので、当社が同じことをするのはかなり難易度が高いです」と説明されれば、まだ議論の余地はある。

しかし、すぐに「できない」と言ってしまう人は、「できている人・企業」を十分に調べようともしないし、「彼らができている理由」を知ろうともしない。

これはなぜか？　答えは簡単だ。無意識に「やりたくない」と思っているからである。すべての場合がそうとはいえないが、「上司から無理難題を言われた」と嘆いている人の多くは、実際には「やりたくない」から「無理難題を言われた〝ことにしているだけ〟」なのである。

しかしそんな人は、自分が「やらない」という選択をしていることにすら気づかない。彼らは「やる／やらない」という世界観ではなく、「できる／できない」という世界観に閉じこもっているので「自分はできない」と考え、しばしば深い悩みに陥るのである。

「やり方」がわからないと、「やりたい」気持ちは出てこない

もちろん、個人の能力差はある。

アーティストやアスリートの世界なら、個人が持っている天性の素質や身体能力がモノをいう。ある人には生み出せるが、ほかの人には生み出せない作品や記録、パフォーマン

スは確実にある。たとえ、私がいまから大谷翔平選手（1994年生）のバッティングやピッチングの秘訣をどれだけ分析しても、メジャーリーグで同じ結果を残せるわけではない。

しかし、ことビジネスに関していうと、個人の資質に左右される仕事は、みんなが思っている以上に少ない。企画やマーケティングなど、いわゆるひらめきやセンスが必要とされている仕事ですら、「やり方」を徹底的に調べ尽くし、まったく同じことをやっていくと、だれでもそれなりの結果を出すことができる。それがビジネスのすばらしいところだ。

にもかかわらず、「やり方」を調べもせずに、「できない」と言ってしまう人がいる。「能力不足・経験不足でできません」と言う人の9割は、無意識の言い訳だ。

社内外のビジネスパーソンを数多く見てきた私から見ると、ほとんどの人の能力に大した違いはない。同じ職場に圧倒的成果を出している人が一人でもいるのなら、「○○なのでできない」という理屈は、いますぐ捨てたほうがいいだろう。

もちろん、成果が出るやり方を「やりたい」と思えないなら、それは仕方がない。「やりたい」と思えないことについて「もっとやりたいと思え」とは言えない。

ただし、そんな人には、まず「うまくいっている人のやり方」を徹底的に研究してみることをおすすめしたい。人間は「具体的なやり方」がわかれば、案外それをやってみたくなる生き物だからである。その人の中に「やりたい」という気持ちが生まれないのは、単に「やり方」がわからないからなのかもしれない。

成果を出す方法がわかっても「やりたい」と思えないなら、そのときこそ、情熱を傾けられる別の仕事を探すべきだろう。

08
「経験があればなんとかなる」から「経験がないほどうまくいく」へ。

「できない理由」を挙げるとき、多くの人が「経験がないのでできません」「知識がないので無理です」などと言う。

これは裏を返せば、「時間をかけて経験や知識を少しずつ積み上げていけば、いつかできるようになる」ということ。しかしこれは単なる思い込みにすぎない。どれだけ時間をかけても、この人の中には「できる」という手応えは生まれない。むしろ、キャリアを重ねていくほど、「できない」と感じることが増えていく。

こうして、いつしか「悩めるベテラン」が生まれる。

「知識・経験を積めばなんとかなる」という思考回路は、悩みの発生装置にほかならない。「悩まない人」は「経験」とか「成長」に対して、どのような考え方をしているのだろう？

ここでは、その思考アルゴリズムを見ていこう。

知識が上達を妨げる――「はずんで、打って」のテニス練習法

アメリカで行われた「テニスの指導実験」の話をしよう。

被験者になったのは、一般の45歳の女性。彼女は一度もテニスをしたことがなく、運動が得意なわけでもない。

この実験の目的は、細かい技術指導なしに彼女にテニスを習得させることだ。

まずコーチは、女性をテニスコートに立たせる。そして、地面にワンバウンドさせたボールをパーンと打つ動作を、彼女の目の前で何度も実演した。

彼女はただボーッと見ていたわけではない。コーチがボールをはずませた瞬間に「はず

んで」、コーチが打った瞬間に「打って」と声に出すよう指示されていた。これをしばらく繰り返すと、女性はボールを打つリズムやタイミングをつかんでいった。

そこで、指導は次の段階に入る。今度はコーチが立っていた場所に女性を立たせる。とはいえ、彼女は手には何も持たされていない。コーチは彼女に向かってボールをバウンドさせ、「はずんで」と言わせる。そして、コーチが打っていたのと同じタイミングで、「打って」と口に出すように伝えた。この単調な練習を繰り返させ、タイミングをつかませていった。

そしていよいよ、テニス指導は最後のフェーズに入る。

コーチは女性にラケットを持たせ、次のように伝えた。

「それじゃあ、実際にラケットを振ってごらん。いやいや、別に打つ練習じゃないんだ。ただ『はずんで』『打って』を声に出して言うだけのことだから、グリップも振り方もどうでもいいんだ。気にしないで、とにかくボールがきたらラケットで打ってごらん」

（【出典】W・ティモシー・ガルウェイ著、後藤新弥訳『インナーテニス』日刊スポーツ出版社）

ラケットを持った女性の前に、コーチがワンバウンドのボールを投げる。すると、彼女は言われたとおりに、口頭で「はずんで」「打って」を繰り返していた。そして、何回かボールを見送った後、おもむろにおもいきってそのラケットを振ったのだ。

すると、ボールはラケットのど真ん中に当たり、きれいな弧を描いて相手のコートに飛んでいった。その後、女性はたった20分ほどで、テニスのストロークを習得してしまったという。

この実験の目的は、「人はそもそもテニスをうまくできる能力を持っているのに、枝葉末節の技術を教えるから、本来の能力を発揮できなくなっている」という仮説を確かめることにあった。

このトレーニング方法の是非はさておき、少なくともビジネスの領域では、「悩まない人」はまさにこの実験と同じような世界観を生きている。つまり、「人はスタート時点ではなんでもできる能力を持っているが、中途半端に経験や知識を身につけていくことで、その能力が失われていく」と考えているのである。

全身に「成功しない要素」をぶら下げたベテラン

この考え方は、多くの人の直感に反するだろう。

人はゼロの状態からスタートし、知識・技術など「成功する要素」を後づけしていくことで成功に近づく――これが世の中の「常識」だからだ。これを前提とすると、「成功する要素」をまだ身につけていない新人や未経験者は、成功できなくても仕方がないということになる。

しかし、現実に目を向けてみると、経験があるベテランほど仕事に苦労していたり、まったくの新人が軽々ととんでもなく大きな結果を出したり、優秀さを発揮していたりすることがある。

こうした事象は、「悩まない人」が持っている「人はもともとなんでもできる能力を持っているのに、経験や知識がその能力を奪う」という世界観を前提とすると、すんなり理解できる。この考え方なら、新人のほうが成功しやすいのは当然だからである。

また、「悩まない人」の世界観においては、人はキャリアを歩めば歩むほど、次々と「成功しない要素」にまとわりつかれる可能性が高くなる。ここでいう「成功しない要素」とは、知識を身につけたり経験を積んだりする中で生まれる「先入観」「思い込み」「固定観念」のことだ。

語学の習得に置き換えるとわかりやすいだろう。英語をマスターするには、日本語を学んでいない段階のほうがいい。日本語を学べば学ぶほど英語をマスターしづらくなる。いったん日本語（という先入観）に置き換えて英語を理解しようとするので、質もスピードも落ちるからだ。

同じ仕事を長く続けていると、特定の職務・組織・業界だけで通用する知識や経験は増えていく。しかし、それらがバイアスとして機能する結果、その人の「それ以外」の能力はどんどん封印されていく。ベテランになるにつれ成果が出なくなる人は、こうやって「成功しない要素」を全身にぶら下げてしまっているわけだ。

これは「北の達人」の社員たちでも、ときどき見かけるケースだ。まったく先入観のない状態で入社してきてすぐに活躍していたメンバーが、社歴を積むほど顧客視点を失い、先入観の塊になってしまうことがあるのだ。

新人がベテランを凌駕するとき、何が起きているのか？

「知識・経験が増えれば、できることがどんどん増えていく」と信じている人にとって、これはなかなか受け入れがたい考え方だろう。しかし、自身を振り返ったり周囲を見渡したりすると、これに当てはまる事例があるはずだ。

たとえば、社長が2人の社員に声をかけ、「2年以内に銀行をつくりたい。どうすればいいか調べてほしい」と相談したとしよう。一人はベテラン社員のFくん、もう一人は新卒1年目のGさんだ。

少し経つと、とても仕事の速いFくんからこんな報告が入る。

「ひととおり調べました。ですが、2年でうちが銀行をつくるのは無理ですね」

理由を聞くと、「銀行というビジネスは国の許認可が必要で、日本では……」と、とにかく銀行を始められない理由をつらつら教えてくれる。

しばらくすると、今度はGさんが社長に連絡をしてきた。

「××共和国でなら簡単に銀行をつくれそうです。その後、日本支店をつくってみてはどうでしょう？」

ウェブで検索しているという点では、両者に違いはない。ただ、Fくんのほうがいわば「大人」で、「さすがに銀行は難しいだろう」という先入観を持っている。そのため、最初から「社長に『無理』だと納得させる情報」を無意識的に集めてしまっているのだ。

一方、新人のGさんは、「子ども」のように先入観が少ない。「社長に頼まれたんだし、なんとか探してみよう……」と素直にひたすら検索ページをめくり続けた。

Fくんが最初の3ページくらいですませたところを、Gさんは検索ワードをあれこれ変えながら10ページでも20ページでも調べ続けた。その結果、「××共和国ではそれほど苦労せずに銀行をつくれそうだ」という事実にたどり着く。Fくんははじめから「日本の銀行」と決めつけていたが、Gさんにはその思い込みすらなく、「外国に銀行をつくってから、その支店を日本に出す」というアイデアにたどり着けたわけだ。

じつをいうと、これは「北の達人」での実話をベースにしたエピソードだ。いまのところ、当社は実際に銀行をつくるには至っていないが、このときにも私は「新人のほうが先入観がなく、成功するのは速い」と改めて実感させられた。

年齢とともに「無能化」する人の考え方

会社を経営していると、こういうケースは珍しくない。新しいことをやる際は、「妙な先入観のない状態」の人のほうが成功しやすいので、ベテランより新人のほうがうまくいきやすい。「ビギナーズラック」にはしかるべきロジックがある。

だから私は、難易度が高い業務やこれまでにない新しい業務ほど、あえて経験の浅い人に任せてみるようにしている。「北の達人」は以前、月間の新規集客人数が全盛期の6分の1にまで落ち込む危機に見舞われたことがあったが、そこから業績を一気にV字回復させることができた。このときに会社を救ったのも、未経験の新人ばかりを集めたチームである（詳しくは拙著『チームX』参照）。

誤解しないでほしいが、「だからベテランは救いようがない」「新人ならなんでもうまくいくから大丈夫」と言いたいわけではない。また、「先入観を増やさないために、知識・経験を集めるのはやめよう」という話でもない。

重要なのは、**「知識・経験さえあれば、できることが増える」という思い込みを捨てる**ことだ。この考え方がクセになっていると、「できない」の言い訳が無限に生み出せてしまう。また、たくさんの知識・経験があるのに成果が出ていないベテランは、自分の現状をうまく受け止められなくなるので、ますます悩みに陥りやすくなる。

「悩まない人」は、「知識・経験（先入観）がないほどうまくいく場合」と「知識・経験（先入観）があったほうがうまくいく場合」の2種類があることを前提としている。

このようにマインドを切り替えてしまえば、やるべきことははっきりする。知識・経験に基づいてやろうとしてうまくいかない場合は、知らず知らずのうちに入り込んだ「先入観＝成功しない要素」が自分にあることを自覚し、外すという作業が必要になる。

長いキャリアの中で安定して成果を出し続けられる人は、この先入観を自分で剥ぎ取るのがうまい。つまり、新人と同じように「最も成功しやすい初期状態」を維持できているのである。

その具体的なやり方は第2部で紹介するが、まずはこの基本的な発想転換だけで、悩みの大部分は解消することを知っておこう。

09 「仕事がつまらない」のは「面白がるスキル不足」のせい。

「仕事がつまらない部署に配属されてしまった……」「面白みのない単調な業務ばかりなのでやる気が出ない……」といった悩みをよく耳にする。

もはや仕事を楽しむ気が一切なければ、こんな悩みは抱かないはずだ。「つまらない」「面白くない」という悩みがあるのは、心のどこかに「面白い仕事をやってみたい」「仕事を通じて楽しさを味わいたい」という気持ちがあるのだろう。

「悩まない人」は、こうした悩みからも自由だ。

そこには、どんな思考アルゴリズムの違いがあるのだろうか？

「つまらない仕事」と「成果の出ない広告枠」の共通点

「面白さ」とはいったい何だろう？

ふつうの人は「面白さ」とは、対象そのものにある性質と考えている。つまり、面白い仕事、面白い遊び、面白い本、面白い映画などが「面白い」のは、その内部にもともと「面白さ」があるからと捉えている。逆に、面白くないものの中には「面白さ」がないことになる。

この考え方だと、面白い仕事に出合えるかどうかは「運次第」となる。たまたま引き当てた仕事の中に「面白さ」があれば「面白い仕事」だが、なければ「つまらない仕事」になる。仕事がつまらないのは運が悪いせいなので、自分にできることは何もない。ただ仕事をしながらモヤモヤを抱え、悩み続けることになる。

一方、仕事の面白さに「悩まない人」は、「面白さ」の捉え方がまったく違う。

対象そのものに内在する性質ではなく、あくまでも人に依存した性質だと考えているのだ。ある仕事を「面白いもの」として見る人がいて初めてその仕事は面白くなる。仕事を面白がれない人から見ると、仕事はたちまち「つまらないもの」に変わる。結局、「面白い仕事」と「面白くない仕事」があるのではなく、「どんな仕事も**面白くできる人**」と「仕事を**面白くできない人**」がいるにすぎないのだ。

この世界観からすると、仕事がつまらないのは運のせいではない。ましてやその仕事を任せた上司のせいでもない。原因は「仕事を**面白くするスキル不足**」である。

「対象そのものの性質」と思われているが、実際には「人次第」というものは、これ以外にもたくさんある。

私がいるネット広告業界はその典型である。ときどき「いい広告媒体を教えてください」と相談してくる人がいるが、ネット黎明期からウェブ広告を使ったビジネスをやってきた私からすれば、「いい広告媒体」と「悪い広告媒体」というものは存在しない。

広告媒体をうまく使いこなせる人と、うまく使いこなせない人がいるだけだ。ユーザーが少なく、反応の悪い広告媒体は廃《すた》れてなくなっていく。よって現存している広告媒体は一定以上の成果があるはずである。広告効果を最大化するスキルがある人にとっては、どんな媒体も「いい媒体」だし、そのスキルがなければどれだけ人気の広告枠も「悪い媒体」となる。

「うちの商品は魅力がないから売れない」と言っているセールスパーソンも同じだ。魅力のある商品と、魅力のない商品があるのではない。その商品がある一定以上売れているのであれば、その商品の魅力を引き出せる人と、引き出せない人がいるだけである。

「悩まない人」の特徴は、物事の属性を「対象そのもの」に押しつけるのではなく、「自分の受け取り方」として捉えることにあるのだ。

仕事が面白くなるために必要なもの

世の中で「面白い」とされているものの多くは、それを面白がる「スキル」が低くても、十分に楽しめるようにつくられている。スマホのゲームやYouTube動画などはその典型で、何の予備知識や技術がない人であっても、それなりに楽しめるようになっている。だから、「これは面白い」と話題になりやすい。

一方、仕事の面白さはというと、最初から万人向けにデザインされているわけではない。始めてすぐに「面白い」と感じられる部分ばかりではなく、ある程度のスキルを積み重ねていかないと、面白さを味わえない領域がたくさんある。

だからこそ、「面白がるスキル差」が表面化しやすい。ある人はイキイキ働いているのに、同じ職場で働く別の人は、ものすごくつまらなそうにしている。これもスキル差である。「仕事を面白くするスキル」が足りていない限り、どれだけ異動や転職を繰り返したところで、仕事はつまらなくなる。

必要なのは「仕事の転換」ではなく、「思考アルゴリズムの転換」である。そのための第一歩は、「つまらない」の原因が「仕事のせい」ではなく「**スキル不足のせい**」だと気づくことだ。

仕事のレベルが低いままだと、どうしても見えない価値観がある。だから、仕事のレベルが低いうちは、基本的に仕事は面白くない。逆に、スキルが上がっていけば、いろいろな「面白さ」にアクセスできるようになる。

「いまの仕事がつまらない」という人は、もっと面白い仕事を探すより、いまの仕事の面白さに気づけるよう、スキルアップすることに力を入れたほうが手っ取り早かったりする。

レジ打ちが「いちばん面白い仕事」になった瞬間

「悩まない人」の世界観では「面白くない仕事」は存在しない。

もし、世の中のだれ一人としてその仕事を面白いと思っていないなら、たしかに「この仕事は面白くない」と言ってもいいだろう。「面白さ」とは人間の解釈にすぎない。「面白い」と解釈する人がゼロなら、そう結論づけるしかない。

しかし、現実にはそんなことはないだろう。同じ職場を見渡したとき、あるいは、同じ業界内を探し回れば、少なくとも何人かは仕事に面白みを感じているはずだ。

ここから先は「できる／できない」の議論と同じ。世の中にもし一人でもその仕事を「面白い」と感じている人がいるなら、「なぜなのか？」を徹底的に確認していけばいい。その人の面白がるスキルを学び、それと同じやり方をすれば、仕事が面白くなる可能性は十分にある。

小さい頃から何をしても続かず、就職してからもすぐに嫌になって会社を辞めてしまっていたある女性のエピソードを紹介しよう。次々と退職→転職を重ねていくうちに、とうとう彼女を正社員で雇ってくれる会社はなくなってしまった。派遣会社に登録したものの、そこでも同じことの繰り返し。ありとあらゆる職場で働いた末にたどり着いたのが、スーパーでのレジ打ちの仕事だった。

しかし案の定、彼女はすぐにこの仕事に飽きてしまう。いつもならすぐに辞めてしまうところだったが、さすがにこのままではいけないと思った。そんななか、過去の日記を発見し、かつて自分が「ピアニストになる夢」を持っていたことを思い出す。そこで彼女は、自分なりにレジ打ちの仕事を極めてみることを決意する。ボタンの位置を暗記し、ピアノを弾くようにリズミカルにレジ打ちをするアイデアだった。

レジ打ちのスピードが上がると、徐々にまわりを見渡す余裕が生まれ、彼女の目にはこれまで気づかなかったいろいろなことが飛び込んでくるようになった。常連のお客さんの顔、来店客の時間帯、いつも買う商品などだ。そのうち、お客さんとちょっとした会話をしたり、お買得商品の情報をシェアしたりするようになっていくと、彼女の中に初めて「仕事が面白い」という感覚が芽生えていく。

そしてある日、やけにレジに並ぶお客さんが続いて、「今日は忙しいな」と思い周囲を見回すと、ほかのレジはガラガラなのに彼女のところだけ行列ができていた。お客さんたちが彼女と話をしたくて、そのレジだけに集中していたのである（【参考書籍】木下晴弘著『涙の数だけ大きくなれる！』フォレスト出版）。

こうして、あらゆる仕事をしてきた彼女にとって「いちばん面白かった仕事」はレジ打ちになった。単調な仕事と思われがちなレジ打ちであっても、仕事を面白くするスキルさえあれば、面白い仕事に変えることができる。

どんな仕事をやるかは大きな問題ではない。結局、自分の考え方次第なのだ。

仕事をゲーム化できる人、できない人

仕事が面白く感じられるためには、「面白い仕事との出合い」より、「仕事を面白くするスキル」が必要である。これはどんな人にも共通していえる。

一方、「仕事のどんな側面に面白さを見出すか？」については、かなりの個人差がある。だから、自分がどんなことを面白く感じるのかは知っておいたほうがいい。数字、お金、人の反応、関係性、他者からの評価、知名度、社会的影響力、報酬の大きさなど、人によって千差万別だろう。

先ほどのレジ打ちの女性は、ピアノに夢中になっていた自分の過去をヒントにそれを発見し、さらにお客さんとのコミュニケーションという別の軸にもつなげていった。仕事を面白くするのがうまい人は、**「自分が喜びを感じる軸」と「現実の仕事」とをすり合わせるスキルが高い**ともいえる。

私の基準はシンプル。「成果が出るかどうか」が仕事の面白さに直結している。あまり「プロセスを楽しむ」という嗜好はなく、成果が出ればどんな仕事でも面白く感じるし、成果が出ない仕事は耐えがたいほどつまらない。仕事をある種のゲームのように捉えているのだ。なので、成果が見えにくい仕事は、さまざまな測定値を設定し、成果を見えやすくする工夫をして、必ず「成果が出たかどうか」を判断できるようにしている。

仕事をゲーム化できる人には「共通点」がある。それは、一定の目標やゴールを掲げたとき、真っ先に「うまくいったときのことをイメージできる人」である。「あなたの目標はこれです」と言われたとき、それを達成して大喜びしている未来のことしか考えていない。

これはポジティブ思考とは少し違う。テレビゲームをするときをイメージしてほしい。ゲームを始めたとき、「ゴールにたどり着けなかったらどうしよう……」といった不安感や責任感はないはずだ。無事にクリアして「やった！」と喜んでいる未来しか見えていない。この感覚のまま仕事に臨める人は「成果軸」だけで仕事を楽しむことができる。

しかし、必ずしもそんな人ばかりではない。目標を提示された瞬間、すぐに「なんとしても達成しなければ」「達成できなかったらどうしよう……」とプレッシャーに感じてしまう人もいる。そういう人は無理して成果軸だけを追い求める必要はない。

「給料が増えて生活が豊かになること」
「仲間と一緒に何かを成し遂げること」
「会社の社会的ステータスが高まること」
「お客様に『ありがとう』と言われること」
「仕事を通じて自分が成長していくこと」

仕事を通じた満足にはさまざまな軸がある。仕事に面白さを見出せないとき、ひょっとすると、間違った軸で面白さを探究しているのかもしれない。本当は人とのコミュニケーションが好きで、仲間に貢献したいと思っているのに、なぜか自分の評価に直結する仕事ばかりをやってしまっているようなケースである。

そんなときは、自分がどんなことに価値を感じるのか、改めて見直してみるといいだろう。

10 「自分らしさ」というラスボス。

20歳前後の頃、私はつきあっていた彼女とうまくいかずに悩んでいた。

そのとき、相談したのが友人のTだった。当時、恋人がいたTは、彼女ととても仲よくやっているように見えた。

「彼女に合わせてるだけだよ。全部合わせてる」

それが彼の返事だった。答えに満足できなかった私は食らいついた。

「……でも、そんなことしてたら〝自分のよさ〟がなくならないの？」

そのとき彼から言われた言葉が衝撃だった。

「〝自分のよさ〟なんて信じてるのは自分だけ。

おれは『彼女と仲よくすごせる自分』になりたい。

そう思ってたら、いくらでも変われるよ」

「らしさ」や「長所」は本当に強みなのか？

「他人の性格は変えられない」という話に共感する人は多いだろう。

では、「自分の性格は変えられない」についてはどうだろう？

人によって見方が分かれるところだと思う。

結論からいえば、「自分の性格は変えられない」という考え方をする人ほど、よく悩むことになる。

「性格」だけではない。才能、強み、長所、自分らしさなど、己のうちに「不変の性質」があると信じる人は少なくないはずだ。こんなものは目で見て確かめようがない以上、これも世界を捉えるときのフレーム（思考アルゴリズム）にすぎない。

「変わらない自分」という思考アルゴリズムは、深い悩みを生む。

「自分なんていくらでも変えられる」と思っている人と「自分の中にどうしても変えられないものがある」と信じている人とを比べると、後者のほうが圧倒的に「悩むこと」に人生の時間を奪われやすくなる。


「〝自分のよさ〟なんて信じてるのは自分だけ」とTに言われたとき、私の中で思考回路がカチッと切り替わった。端的にいえば、自分の「強み」「長所」「（自分）らしさ」といったものをあまり重視しなくなったのだ。

自分が大切に守ろうとしている「らしさ」は、本当に「よいもの」なのか？

だれかに指摘された「長所」は、本当に「強み」といえるのか？

結局、何の取り柄もない人が自信をでっち上げるために、取るに足らない特徴をそう呼んでいるだけでは？

以来、私は「自分らしさ」にすがるのをやめた。

「らしさ」に目を向けるのをやめた途端、驚くほどいろいろなことに悩まなくなったのである。

「他人と同じではうまくいかない」という思い込み

「飛び抜けた成果を出す人」と「まったく成果が出ない人」という相反する人たちには、意外な共通点がある。それは、**どちらも「自分らしく仕事をしている」**ということだ。

しかし、その自分らしさをどのタイミングで出しているかが違う。

特異なパフォーマンスを上げている人は、往々にして「勝ち方」も特異である。だれもやっていない「その人ならではの方法」で結果を出しているように見える。

たとえば、一流アスリートが独特のフォームをしていたり、世界的アーティストが型破りな歌い方や演奏をしていたりするシーンを想像してみるといい。オリジナリティやユニークさがあり、それによってほかの人には出せない成果を出している。

そのせいか、多くの人が「うまくいくには、ほかの人と同じやり方ではいけない。自分らしいやり方を確立する必要がある」と思い込んでいるようだ。ごくシンプルにいえば、「他人と同じ＝うまくいかない」「自分らしい＝うまくいく」というフレームにはまり込んでいる。

差別化を通じてほかの人との無用な衝突を避けるのは、ビジネスにおける基本的な戦略の一つ。だが、どんな物事にも基本の成功パターンがある。それを押さえたうえで独自の道を歩むのと、何も知らずに自己流で突っ走るのとはわけが違う。差別化戦略は「ほかと同じやり方をすること」まで否定しているわけではないのである。

やり方まで「自分らしさ」が必要と思い込んでいる人は、いくら「王道」を教えられても無視してしまう。だからいつまで経っても結果につながらず、次第に悩みの沼に落ち込んでいく。なかには「自分らしさを追求しているのに、一向にうまくいかない。自分はこの仕事に向いていないのだ……」と勝手に結論を出し、突然仕事を辞めてしまう人もいる。

こうした悩みは、「人と違うことをしないといけない」という思考グセを捨てれば、一瞬で解消できるものである。

一方、**「悩まない人」は「自分らしさ」などどうでもいい**と思っている。最初から「自分らしさ」に固執すると、成長の余地が狭まることを知っているからだ。

彼らは、「うまくいっている人のやり方＝王道」を謙虚に学び、それを模倣することに何の躊躇もない。そこには「自分らしくあらねば……」という強迫観念がまったく見られないのだ。

こんな仕事の仕方をする人は、当然、すぐに一定の成果を出せるようになる。この段階に至って初めて彼らは「らしさ」を追求する。つまり、成果のレベルのランクを上げるために「ほかとの差別化」を模索し始めるのである。

アイドルが売れるための「鉄則」

これは芸術や武道の世界で語られてきた「守破離《しゅはり》」と同じである。

先人のやり方を忠実に学ぶ「守」、それをベースに自分なりにやってみる「破」を経たうえで、自分なりの独自性を発揮する「離」がくる順序でなければならない。

私は大物司会者の浜村淳さん（1935年生）が好きで、50年続くMBSラジオの『ありがとう浜村淳です』を若い頃からずっと聴いていた。もう何十年も前の話だが、浜村さんが「**アイドルが売れるための鉄則**」について語っていたのが非常に印象に残っている。

浜村さんは当時すでに芸能界の重鎮だったので、いったいどんな話が飛び出すのかと私は耳をそばだてていたが、その「鉄則」は拍子抜けするほどシンプルだった。なんと「ミニスカートでフリフリの服を着て、聖子ちゃんカットでデビューすること」こそがアイドルが売れる条件と言ったのだ。

いまとなっては私もこの意見に全面的に賛成できる。たくさんの競合商品があるマーケットに飛び込むとき、多くの人は「どうすればスキマを狙えるか」と差別化を考えてしまう。だが、いきなり個性的な商品で勝負すると、たいていは玉砕する。これは新人アイドルも同じだ。浜村さんが言いたかったのは、まずはアイドル然とした格好をしないと、戦いの場に立つことすらできないということ。個性をアピールする「離」の段階は、もっと後になってからでいい。

コンピュータゲームなどにおいて物語の最後に待ち受けているボスキャラのことを「ラ

ストボス（通称：ラスボス）」という。

「自分らしさ」というのは、本来、あらゆるステージをクリアしたうえで向き合うべき「**ラスボス**」なのである。いきなり「自分らしさ」を追求する人は、レベル1のままいきなりラスボス戦に臨んでいるようなものだ。

守破離という成功の鉄則を無視したまま、自己流を極めようとすれば、失敗することは目に見えている。逆に「自分らしさ」を追求するのは最後でいいとわかっていれば、途中のプロセスでも悩むことがなくなるだろう。

「自己流にこだわる人」はプライドが低すぎる理由

「自分らしさ」に固執する人は、プライドが高すぎるといわれる。

しかし、これは誤解を生むかもしれない。私が言いたいのは、「プライドなんて捨ててしまえ」ということではないからである。

「自分らしさ」にとらわれて悩む人は、プライドの高さが問題なのではなく、「どこにプライドを抱くか」を誤っているにすぎない。

はじめから自分のやり方を貫き通そうとする人は、「いまの自分」にプライドを持っている。これまでがんばってきた自分、その過程で培ってきた強み、もともと持っている素質――そういったものを大切に抱え込み、その延長線上で結果を出さねばならないと思い込んでいる。

「自分らしくないやり方をしてはいけない」「自分らしい勝ち方でないとカッコ悪い」というマインドが足かせになり、チャレンジの幅が広がらず成長できない。結果、ますます自分の守備範囲が広がらなくなる負のスパイラルに陥っている。

一方、「自分らしさ」にこだわりがない人は、まったくプライドを持っていないかというと違う。彼らは「いまの自分」ではなく「**未来の自分**」に対してプライドを持っているのである。

「『いまの自分』は『未来の自分』からすると大したことない」「未来の自分はこんなものでない」と思っているので、これまで積み上げてきた「強み」にそこまで興味がない。簡単に自己流のやり方を手放せるので、「自分らしさ」に悩むこともない。

「悩まない人」の世界観からすると、「自分らしさ」にとらわれている人のほうが、むしろ自分に対するプライドが〝**低すぎる**〟。「未来の自分」にプライドを持てていないからこそ、過去や現在にしがみついているのだ。

「理想からほど遠い自分」が見えている人ほど悩まない

「未来の自分にプライドを持てる人」と「そうでない人」の違いは、どこにあるのだろう？

それは、心の中に「理想の姿」を持っているかどうかの差である。「ああなりたい」と思える理想を失ったとき、人は「過去の自分」にすがりつき、「現在の自分」を大切にし始める。

逆に、目指すべきはるか彼方のゴールが見えている人は、「自分らしさ」など目に入らない。本気で「大谷翔平のようになりたい」と思っている野球選手は、自己流の練習法にこだわらず、大谷選手がやっていることを真摯に学ぼうとするはずだ。

いまのあなたがレベル8として、「理想の姿」がレベル1000だとしよう。

レベル1000を目指している旅路においては、レベル8に至るまでに築いてきた「自分らしさ」は意味がない。ほとんど誤差のようなものだ。

そんなものは無視し、レベル1000の人のやり方を愚直にマネたほうが、圧倒的に大きく成長できる可能性が高い。ある程度の期間のうちに、ひょっとするとレベル100くらいには到達できるかもしれない。

一方、「理想の姿」がない、レベル8の人は、なんとなくレベル10を目指してしまう。この場合、レベル10の人のやり方に学ぶのは得策ではない。むしろ、レベル8にたどり着く過程で培った「自分らしさ」を活かしたほうが、うまくいく可能性は高い。

ただし、このやり方だと成長スピードは遅くなる。どうしても停滞感が生まれるので、どこかのタイミングで悩みモードに入ってしまう。

あなたは「自分らしく生きよう」「自分らしく働こう」という言説の呪縛にはまっていないだろうか？　最初から自分らしさを目指す必要などない。「あの人のようになりたい」という憧れの気持ちにもっと素直になれば、「自分らしさ」で身動きが取れなくなることはなくなり、もっと軽やかに日々をすごせるようになる。

11

「あきらめている自分」に気づく。大切なのは「切り替え」と「執念」。

「『できないこと』に悩むのは『あきらめない』からだ。いますぐあきらめてしまえば、悩みは消える」

しばしばこんなことがいわれる。特に僧侶が書いた「悩み」に関する書籍に出てくる記述かもしれない。

人生全般に関していえば、参考にすべき教えなのかもしれない。だが「仕事」の場面では、このアドバイスは大いなる誤解を招く。

「そうか、あきらめればいいんだ」と、仕事で困難にぶつかるたびにあきらめることを繰り返していくと、最後には何もできない人になっていく。仕事での「あきらめの早さ」は、必ずしも「悩まないこと」にはつながらないのである。

こんなとき、どのような思考アルゴリズムが有効なのだろうか？

「効率化」と言いながら、ただ「あきらめている」だけの人

とても賢く、基本的な能力が高いのに、なんでもすぐにあきらめてしまうHくんがいる。彼に「どうしてすぐあきらめるの？」と聞いてみると、「このまま続けていても効率が悪いからです。非効率なことはやめたほうがいいですよね？」と答えた。つまりHくん本人は、あくまでも「無駄を省いて効率化しているつもり」なのだ。

だが、傍から見ていると、彼は思いどおりにいかなかったこと・苦手なことから逃げているようにしか見えない。そもそも、効率化とは、うまくいったやり方によって省力化することである。まだうまくいくやり方が見つかっていない段階で手を引いたところで、効

率化とは呼べない。Hくんの言う「効率化」は、「あきらめている自分」から目を逸らすための自己欺瞞だ。こういう人は「自分があきらめている」という自覚すらないことがほとんどである。

「悩まない人ほど、あきらめが早い」と思っている人は多いだろう。

しかし、Hくんのような「効率化」をしても、悩みのタネは消えない。彼は起きている問題をそのままにして、無視しているだけだからだ。放置された問題は、いずれなんらかの形で彼の足を引っ張ることになる。

ではどうすればいいのか――？　本当の意味で「悩まない人」は「あきらめが早い」のではなく、**「切り替えが早い」**のである。この違いがわかるだろうか？

「切り替えが早い人」は〝何〟を切り替えているのか？

目標Pのために手段aでアプローチし、それが思いどおりにいかなかったとき、「あきらめが早い人」は目標Pの達成そのものを断念してしまう。

一方、「切り替えが早い人」は、手段aによる実現はすぐにあきらめ、別の手段bを試そうとする。目標はPのまま変わらない。bが思いどおりにいかない場合は、c、d、e……と手段を切り替えていく。

あきらめが早い人は、目標の達成自体をあきらめているので、その都度、「うまくいかなかった……」と挫折感を味わう。それを覆い隠すために、「自分は効率化しているのだ」ともっともらしい理屈をでっち上げねばならなくなる。

他方で、切り替えが早い人は、思いどおりにいかなかった方法を捨てているだけで、目標そのものをあきらめているわけではない。また、すでに見たとおり（84ページ）、失敗は勝率を高めるための糧《かて》になるので、着実に前進している手応えが得られる。

「あきらめが早い」と「切り替えが早い」とのあいだには、圧倒的な差がある。

本当に「悩まない人」の思考アルゴリズムは、実現困難な仕事にぶつかったとき、目標達成を断念しない。すぐにいまのやり方を捨て、次の方法を模索することが当たり前になっているのである。

自分のことを「方向オンチ」「ＩＴオンチ」と言っている人がいるが、それは能力や素質の問題ではない。単純に、困難に出合ったときに、別の方法を探す習慣がなく、すぐあきらめる思考グセが染みついているだけである。

道に迷わない人は方向感覚がすぐれているわけではなく、ただ地図を見ているだけだったりする。

逆に、道に迷う人は方向オンチだから迷うのではない。知らない道なのに地図を見ないから迷う。迷っているのに、地図を確認しないからたどり着けない。そんなあきらめグセに「方向オンチ」というラベルを貼ってごまかしているだけである。

この紙一重の差が100倍の成果の差を生む

このような話をすると、「そうそう！　あきらめないことは大事ですよね。『あきらめの悪さ』だけが私の取り柄です」という声が聞こえてくる。どれだけ思いどおりにいかなくても、全然あきらめずにがんばり続けられる人がいる。

「悩みやすい人」と「悩まない人」の違い

悩みやすい人	悩まない人
あきらめが早い **（目的を変える）**	切り替えが早い **（手段を変える）**
あきらめが悪い **（手段を変えない）**	執念深い **（目的を変えない）**

しかし、私が言いたいのは、このような我慢強さのことではない。うまくいく目算や具体的方策がないまま、これまでどおりのやり方を貫き通すことを称賛する風潮があるが、成果を出すうえではこうした根性論もまったく不要である。燃え尽き症候群やメンタルダウンにつながる可能性を考えると、こちらのほうが悪質かもしれない。

成果が出ないのに同じやり方を続ける人は「あきらめが悪い」だけである。

道に迷っているのに、地図を確認せず、「たぶんこっち」と勘に頼って歩き続ける。気づいたときには、どうにもならないくらい目的地から遠ざかり、絶望する。こういう人は、最初に決めた手段を遂行することしか頭になく、じつは本来の目的を見失っている。

一方、本当に「悩まない人」は、どんなときも当初の目標や最終目的から目を逸らさない。すべてはそこにたどり着くための手段にすぎないので、目標・目的を達成するためなら、ダメな方法は平気でどんどん切り捨てていく。迷えばすぐに地図を見るし、地図が間違っていれば人に道を聞く。「あきらめが悪い」というより、「**執念深い**」のである。

「悩まない人」は、あきらめが早いのではなく、**切り替えが早い**。
「悩まない人」は、あきらめが悪いのではなく、**執念深い**。

この**紙一重の差が、100倍の成果の差を生む**のである。

12 「ギャンブル」するな。「チャレンジ」しよう。

「何かを始める前に、つい考えすぎてしまう……」
「どうしてもおもいきって行動する勇気が出ない……」

そんなことに悩んでいる人もいるかもしれない。
多くの人は「悩むこと」に時間を奪われたくないと思っているが、「何も考えていないバカ」になりたいわけではない。しかし、SNSの世界にはわりと「いますぐ行動しろ」と促すメッセージがあふれていることもあり、「いますぐ行動を起こせない自分」にモヤモヤを感じている人も少なくないだろう。

場合によっては、こういう言葉を真に受け、「えいや！」と行動を起こした人もいるかもしれない。そのせいで大失敗し、心が折れてしまった人の話もよく耳にする。

「悩まない人」はもちろん躊躇なく「行動」を起こす。

ただし、ここでいう「行動」の意味を履き違えている人が多い。勇気が出なくて動けない人も、衝動的に動き始めてしまう人も、真の「悩まない人」から見れば、同じくらい愚かなのである。

なぜオンラインサロンは〝無謀な失敗〟を量産するのか？
――「まず行動しろ」論

幻冬舎の編集者・箕輪《みのわ》厚介《こうすけ》さん（１９８５年生）とある番組で話をする機会があった。

箕輪さんはラーメン屋オーナー、経営者のコンサルティング・プロデュース、YouTuber、アーティスト活動など、既存の編集者の枠にとどまらない活動をしている。まさに「考える前に行動しろ」を地で行くタイプの人である。

そんな箕輪さんが『「まず行動しろ」』を勘違いしている人が多い」と話していた。
箕輪さんがラーメン店を始めたとき、多くの人は、彼が何も考えずに衝動的に店をオープンさせたと思ったようだ。「ラーメン屋をやりたい！」→「まず店をつくった」という具合だ。

しかし、ラーメン屋をやりたいと思った彼が真っ先に取った行動は「ラーメン店経営に詳しい人に会いまくって、とにかく話を聞くこと」だった。ラーメン屋にはどんなリスクがあるか、うまくいくために何が必要かを徹底的に調べ、あらゆるシミュレーションをしていったのである。だから、満を持してオープンさせた店には長蛇の列ができた。

箕輪さんが物事に取り組むときには、いつもこうやって情報を集めているそうだ。つまり、「まず行動しろ」とは「何も考えずに思いつきを実行に移せ」ではなく、「まず『徹底的に調べる』という行動を取れ」という意味なのである。

箕輪さんからすれば、何かを始める前に徹底的に調べるのは自明の理。だが、彼のメッセージを受け取った人たちにとっては、それは当たり前ではなかった。その結果、大した計画もないまま無謀な冒険に打って出る人が続出したという。「結果として世の中に無駄な失敗を増やしてしまったのかも……」――箕輪さんはそう語っていた。

オンラインサロン等はそういった失敗を誘発する場合がある。行動する人たちを間近で見ることで、あたかも自分も行動した気分になっている人もいる。疑似体験を楽しんでいるうちはいいが、そのまま勢い余って本当に行動を起こすと、だいたい玉砕する。なぜなら「事前に調べ尽くすこと」をしていないからだ。

自分から行動を起こせる人は、オンラインサロン等に過度に依存せず、しっかりと情報を集め、十分に勝算が見込める仮説を立てることで、「動きたくて仕方がない状態」を自らつくる。つまり、オンラインサロンにいる「他人の行動」からの刺激のような外的動機ではなく、自らの行動で自らを動機づけするのである。

行動力とは「調べる力」である

行動する勇気が持てない人と、思いつきで暴挙に出てしまう人は、どちらも「行動＝冒険」と思っている点で共通している。だから「まず行動しろ」と言われると、必要以上に恐怖心を抱いて固まってしまうか、天に運を任せて無茶なことをやってしまう。

情報が一部の人の手にしか入らない時代には、イチかバチかの可能性に賭けて大きなリスクを取ることが必要だったかもしれない。だが、いまはネットを使えば、たいていのことは時間もお金もかけずに調べがついてしまう。その道のプロに直接コンタクトを取って、詳しく話を聞くことだってできる。

調べたり作戦を立てたりするプロセスをすっ飛ばし、いきなり丸腰のまま実行に移すのはバカげている。そんなものは「チャレンジ」ではない。単なる「**ギャンブル**」である。

チャレンジとは「勝算」が見えている試みのこと。

一方、ギャンブルは不確実性が高い「運任せ」に近い試み。結果をコントロールしきれないので、神頼みにならざるをえない。

仕事において、言葉の上では「チャレンジしよう」と言いつつ、実態は単なるギャンブルであることは少なくない。どうすればそれを達成できるのか、何も目算がないまま走り始めているケースがほとんどだ。

私はギャンブルはやらない。宝くじさえ一度も買ったことがない。ビジネスにおいても、

「賭け」をしようとは思わない。運任せのゲームで勝つより、自分の頭脳で考え抜いて勝つほうがはるかに面白いからだ。

「悩まない人」には「**まず行動＝まず石橋を叩く**」と捉える思考アルゴリズムがある。「作戦立案のための初動」であり、現実的には事前リサーチという行動にほかならない。

あらかじめ情報を集めるだけなら、勇気を出す必要はない。淡々と調べるだけなら、だれにでも行動は起こせる。

このように、行動を解釈するクセをつけてしまえば、「行動力のなさ」に対する悩みは解消する。行動力とは「えいや！」で無謀なアクションを起こす力ではなく、「**調べる力**」なのだ。

調べ尽くした結果、「明らかにリスクが高すぎる」と思ったなら、それ以上は行動しなくていい。いずれにせよ、実際の着手は調べた「**後**」でいいのだ。

また、「これには勝算がある」「どう考えてもうまくいく」という結論になれば、どんな小心者でもアクションを起こせる。もはや、やらない理由がなくなるからだ。そうなってからが本当の**チャレンジ**である。それでも行動が起こせないなら、それは単純にリサーチ不足と思ったほうがいい。

「ビジコンの最優秀ビジネス」がうまくいかないワケ

ただし、ここで注意すべきなのが、フラットな情報収集は難しいということだ。

多くの人は、「やりたくないこと」については、無意識に「やらないほうがいい」という結論になる情報を集めてしまう。典型は先ほどの「銀行づくり」の例だ（152ページ）。社長に「銀行のつくり方」を尋ねられたとき、「（やりたくないな……）」と思った人は、半ば無意識的に「できない理由」をピックアップしてしまう。

ネット検索には限りがないので、結局「どこで調査をやめるか」によって最終結論はいくらでもコントロールできる。心の底で「やりたくない」と思っている人は、「うまくいかない情報」ばかりを集め、「これはうまくいかなそうだからやめておこう」と結論を下してしまう。つまり、「行動するための情報収集」をしているようで、実際には「自分が動かなくていい理由」を探し回っているわけだ。

これはよくいわれることだが、ビジコン（ビジネスプランコンテスト）で最優秀賞を受賞した事業プランは、たいていうまくいかない。

ビジコンの審査員たちはあらゆるマーケットを知り尽くしているわけではないので、よし悪しを評価する際は、いわゆる「美人投票」になりやすい。つまり、自分がいちばんうまくいくと思ったアイデアより、ほかの審査員が高く評価しそうな無難なアイデアに票を入れてしまうのである。また、そういった事業プランは「審査員ウケ」から逆算したアイデアにすぎず、企画者本人も心の底からやりたいと思っていなかったりする。

そのため、最優秀賞に輝いた事業プランでも、後日「いざリサーチしてみたらうまくいかなそうなのでやめました」となるケースが多い。これも純粋にリサーチしているというより、「やらないですむ理由」を探しているだけなのだ。

こうしたリスクとの向き合い方については後述するが、ここでは、**「行動とは『調べる』行動」**であること、そして、調べるときには、だれしも自分の「やりたい／やりたくない」に応じた強いバイアスが入ってくることを知っておこう。

13

「予期せぬ成功」を避ける。「一発大当たり」が身を滅ぼす。

ダウンタウンがコンビを結成したのは１９８２年。彼らがデビューしたのは、B&B、ツービート、島田紳助・松本竜介、横山やすし・西川きよし、西川のりお・上方《かみがた》よしおといった売れっ子漫才師が一気に出現した「漫才ブーム」終了直後のタイミングである。

ある日、ダウンタウンと同世代のある芸人が「もう一回、漫才ブームが起きたらいいのにな……」とボヤいていた。それを横で聞いていた松本人志さん（１９６３年生）は、彼にこう言ったという。

「アホちゃうか、おまえ。いま漫才ブームなんかきたら、おれたちは一瞬で潰れるで」

なぜ松本さんはこんなことを言ったのだろう？

少し理由を考えてみてほしい。

成果を出す人ほど「多作」である

凡人から見ると、成功者は一発で大成功を引き当てているように見える。

だから、「うまくいかせよう」と思うと、つい肩の力が入ってしまう。バットを大振りして、おもいっきり空振りする。

「いつか当たってホームランになるはず」とバットを振り回すが、そのうちバットを振ること自体に疲れてしまう。そして悩みに陥っていく。

一方、大きな成功を収めている人ほど、最初から「一発大当たり」に期待していない。

小さな成功をコツコツ積み重ね、大成功に近づく。

最初からホームラン狙いの大振りはせず、しっかりボールを見て四球を選んだり、セーフティバントで出塁率を高めたりして、確実に得点につながることを繰り返していく。

ある出版社に新人編集者が2人入ってきた。

一人は野心家のIくん。「ぼくは絶対にミリオンセラーをつくります！」と息巻き、100万部超えを狙える企画だけを考えている。有名著者にアプローチしながら、これまでにない斬新な本づくりにこだわっているので、いつまで経っても企画が進まず、結局一冊も本をつくらないまま1年が経ってしまった。

一方、もう一人は堅実派のJさん。彼女は最初から100万部とは考えない。先輩たちの仕事ぶりやマーケットを細かく観察しながら、「このタイプの著者はこれくらいの部数が狙える」「このジャンルはこれくらい」「こういうタイトルはこれくらい」と徐々に相場観をつかんでいく。自分でも年間5冊を担当。うち数冊は1万～2万部のスモールヒットとなった。

Ｉくんと Ｊさんを比較したとき、Ｊさんのほうが圧倒的に成長速度が速い。それだけでなく、小さな実績を積み上げている彼女のほうが、将来的に大きなヒットを見込めるだろう。

いきなりホームランを狙うＩくんが、本当にそうなる確率は限られているし、もし一発を当てられても、次も同じ成果を残せる保証はどこにもない。一方、量を重ねるＪさんには「ヒットの法則」が蓄積されているので、続けて成功しやすくなる。

「一発狙い」の人は、まともに考えていない

松本さんが漫才ブームに期待する芸人を否定したのも、これと同じロジックだ。

松本さんはこう考えた。もしこれから漫才ブームが起きたら、ダウンタウンのような新人も、出演機会が多くなるだろう。出番が続くと新ネタを仕込む時間はほとんどなくなる。だから、同じネタを何回もやることになり、短期間のうちに劇場のお客さんやテレビの視聴者に飽きられ、たちまち自分たちは潰れてしまうだろうと。

ネタや実績の蓄積がある状態でドカンと売れるのと、手持ちネタがないままブームに踊らされて売れるのとはわけが違う。後者はきわめてリスキーで、コツコツと仕込みをする時間があったほうが長く活躍できるというわけだ。

松本さんのような天才でもこんなふうに考えていたことは驚きだが、これはビジネスでもきわめて重要な思考法である。

一発大当たりを狙っている人は、総じて「当たった後のこと」を考えていない。

私に相談してくるEC（ネット通販）事業者にも、「もしこれがテレビに取り上げられ、注文が殺到したら最高なんですが……」と期待している人がいる。しかし、そういう企業に限って、大量の注文がきたときの準備をしていない。本当に客注が殺到したら、バックヤードは一瞬でパンクするだろう。

飲食店でも、オープン初日から大々的な広告を出したり、ド派手なキャンペーンを打ったりしているところはたいていうまくいかない。いきなりお客様が殺到すれば、不慣れなスタッフはパニックになり、まともな接客ができない。それでリピート客も生まれず、悪評も広まり、どんどん衰退していく。

飲食店のプロは初日からドカンとお客様を集めたりはしない。最初はひっそりとオープンし、関係者だけを招いて少しずつスタッフに経験を積ませながら、店のオペレーションを磨いていく。本格的にお客様を集め始めるのは、店の状態が盤石になってからだ。

CHAPTER 3

他者に悩まない

14

「悪い人間」はいない。「悪い関係性」があるだけ。

Kさんは一車線の細い道路を自動車で走っていた。法定速度で安全運転をしていたにもかかわらず、後ろから猛スピードでやってきたクルマが、彼女の後ろにピタリとついた。さらにエンジンを吹かしながら、ギリギリまで車間距離を詰めてくる――いわゆるあおり運転だ。

あまりにも危険な状況を見かね、助手席にいたKさんの友人が「いっそのこと、どこかで脇に停めて道を譲ったら？」と提案する。しかし、Kさんは憮然とした表情でこう言った。

「譲らないよ。あおり運転をしてくるほうが100%悪い。こっちは法定速度で走っているんだし、ぶつけられても向こうの責任。ドライブレコーダーで証拠は残るから大丈夫」

いつもは温厚なKさんからの思わぬ返答に、友人は言葉を失う。彼女は「自分がケガをしてでも相手に責任を問いたい」という考えだった。ハンドルを握ると性格が変わるタイプなのだろうか……。

Kさんと同じ状況に置かれたとき、どうするかをぜひ考えてみてほしい。

彼女と同じようにそのまま運転するか？　それとも、友人の提案どおりいったん停車するか？　何かそれ以外のアクションも考えられるかもしれない。

こういった場面での思考グセにも、その人の「悩みやすい／悩みづらい」が反映される。

「相手が変わるべき病」と「関係性を変える主義」

ほとんどの悩みは、人間関係から生まれるといわれる。

だれにでも「どうにもうまくかみ合わない人」はいる。同僚・上司・取引先など仕事で顔を合わせる人、学生時代からの友人・知人、近所づきあいがある人、家族や親戚など人によってさまざまだろう。

「嫌いで仕方がない人」とぶつかったとき、どのように対処すればいいのだろうか？

「相手を変えよう」とするのはおすすめできない。ここまで読んだ方ならわかるだろう。問題の原因を「相手」の中に見る人は、「相手が変わるべき」という結論になる。しかし、相手がこちらの望むように変わることはまずない。だから、問題はいつまで経っても解決しない。

「相手が変わるべき病」にかかっている人が、必ずといっていいほど「人間関係の悩み」にとらわれるのにはこういう理由がある。

一方、「悩まない人」は、問題の原因を「人」の中に見ない。

あくまでも人（自分）と人（相手）との「**関係性**」に問題が起きていると考える。そして、両者の「関係性」を変えることで、問題を解消しようとする。

この「関係性」を変える方法は2通りある。「相手を変える」か、「自分を変える」かのどちらかだ。しかし、前者はうまくいかないので、後者のほうがはるかに手っ取り早い。

職場にいる「不快で仕方がない人」への対処法

職場にいる同僚のLくんのことが嫌いで仕方がないとしよう。彼のやることなすことがどうにも気に食わず、見ているだけで不快感がこみ上げてくる。自分でもなぜこんなに彼のことが嫌なのかよくわからない。

このとき最悪なのは、Lくんの変化を期待すること。彼の性格がいきなり変わることはないし、勇気を出して注意・指摘しても、彼に変化が起きる保証はない。むしろ、互いの関係性がますます悪化し、職場での時間が不愉快になるだけである。

そこで「自分を変える」ことになる。このとき、いちばん手近なオプションは、彼から距離を取ることである。極端なことをいえば、席を離す、リモートワークに切り替え、顔を合わせないようにする、別の部署に異動願いを出すといった手が考えられる。

しかし、なかなかそうはいかないケースも多いだろう。そこでやるべきは、自分を「Lくんを不快に思わないように」変えることである。

フランクルのエピソードを思い出してほしい（77ページ）。彼は「強制収容所に閉じ込められた状況」はどうにもできなかったが、そのときに「絶望する自分」と「希望を持ち続ける自分」のどちらを選ぶのかは自分次第だと気づいた。

それと同様、Lくんを変えるのは難しいかもしれない。けれども、「彼を不快に思う／なんとも思わない」の選択肢は、じつはいくらでもコントロールできる。

たとえば、職場にLくんのことを不快に思っていない人がいたとして、その人に「なぜ不快に思わないのか？」を聞いてみる。すると、「どのような価値観を持てば／どのような対処法を取れば、Lくんを不快に思わなくなるのか」のヒントが得られるはずだ。後はその価値観・対処法を取り入れさえすれば、「Lくんを不快に思わない自分」をつくることができる。

　こうなると、Lくんと自分との関係性には、何も問題が起きなくなる。これが「自分を変える」ことで「関係性」を変えるやり方である。

「相手が変わるべき病」と「全部自分のせい病」の共通点

　こういう話をすると、「なぜこっちが変わらないといけないんですか？　悪いのは向こうですよ」という返答がよくある。

「相手が変わるべき病」の人は、人間関係の衝突を「だれが悪い？」の問題に還元してしまう。そして、「○○さんが悪い。だから○○さん（悪い人）が変わるべき」という思考ループから抜け出せなくなる。前出の運転手のKさんもそのタイプだ。

　一方、人間関係に「悩まない人」にとっては「だれが悪い？」はどうでもいい。「悪い人」の改善ではなく**「悪くなっている関係性」の改善だけにフォーカス**し、そのために最適な手段を考えていく。

他方、「自分を変えるべき」というアドバイスを間違って理解し、「相手が変わるべき病」が治癒する代わりに、「**全部自分のせい病**」にかかってしまう人もいる。他人との問題が起きたときに「自分が悪い」と考え、自分を責めてしまうのである。

「相手が変わるべき病」と「全部自分のせい病」は、じつは本質的には同じである。なぜならどちらも、人間関係の衝突を「人」の問題として見ているからだ。それが「相手」なのか「自分」なのかの違いである。

他人とぶつかったときに「悩まない人」は、たしかにすぐ「自分を変えよう」とする。しかしそれは、「悪いのは自分だから、自分が変わるべき」と考えてのことではない。そうではなく、自分と相手とのあいだにある「悪い関係性」をなんとかしたいと考え、そのために「**自分を変える**」**という〝いちばん簡単な手段〟を選んでいる**にすぎない。

なぜマネジャーは「人」に働きかけてはいけないのか

私はマネジメントに携わる人たちからもよく相談を受けるが、ほとんどの悩みはここまで語ってきた一連の枠組みで解消できてしまう。

「部下のやる気がありません。どうすればやる気を出させることができますか?」

このような悩みは、問題の所在を「部下」に見ている点で、「相手が変わるべき病」の一種である。

目標達成に向けた手段には、「人を変える」という不確実なことを盛り込んではならない。

マネジャーの役割は「部下を変えること」ではなく、「部下にやる気を出させること」でもない。**「部下を通じて成果を出すこと」**——これに尽きる。

となれば、答えは明らか。**「部下が変わらなくても成果が出る仕組み」**をつくりさえすればいい。問題は「人」の内部ではなく、**外部（仕組み）**にある。

世の中には、「マネジメント=人を管理する仕事」という**誤解**がはびこっている。

しかし、マネジャーはいきなり「人」に働きかけてはいけない。そこを間違えるから、マネジャーたちは悩むことになるのだ。
マネジャーの仕事は**「仕組み」に働きかける**ことだ。それぞれのメンバーにやる気があろうとなかろうと、その中で一定の成果が出る仕組みをつくれていれば、マネジャーは職務を全《まっと》うしているといえる。逆に、どんなにやる気にあふれたチームをつくろうと、成果が出ていないなら、その人はマネジャー失格である。

「あおり運転」をされたときの考え方

ここまでの内容をベースにしながら、先ほどのあおり運転の例をもう一度考えてみよう。

Ｋさんは問題の原因が「後ろの運転手」にあると考え、「あおり運転をしてくるほうが100％悪い」と語っていた。だから、相手が変わることを期待し、道を譲ることなくそのまま走り続けた。場合によっては、事故が起こって相手の責任が明るみに出たほうがいいとすら思っている節がある。

その結果、「あおり運転をされている」という問題は消えずに残り、運転中、Ｋさんは事故の危険にさらされた状態を続けることになる。

一方、「悩まない人」は、問題が「人（Kさん）と人（後ろの運転手）の**関係性**」にあると考える。つまり、事故が起きるかもしれない現在の状況にフォーカスする。

ここまでの流れから考えると、後ろのクルマが急にあおり運転をやめるのは期待しにくい。だとすると、自分がどこかで一時停車し、後ろのクルマを先に行かせるのが、この「悪い関係性」を改善する最も効果的な手段となる。

だから「悩まない人」は、迷わず道を譲ることができる。それは「遅く走っている自分が悪い」と考えたからではない。そうするのが問題の解消にはいちばん手っ取り早いからである。

自分が歩いている先に、犬のフンが落ちていたら、だれでも黙って避けるはずだ。犬のフンが自らどいてくれるわけがないし、飼い主を見つけてきて片づけさせるようなこともしない。

ただ、ひょいと自分の進路を変えるだけ。「自分を変える」ほうが手っ取り早いからだ。

「あおり運転」と「犬のフン」に違いはない。

犬のフンを避けるのと同じ思考アルゴリズムを働かせれば、あおり運転も避けられるはずだ。

自分を変えるときに、「自分が悪い」と考える必要はない。それでは結局、悩むことになってしまう。

「悩まない人」は、我慢して自分を押し殺しているわけではない。常に「**関係性の改善**」**にフォーカス**しているので、「自分を変える」というオプションを躊躇なく選択しているだけである。

15 「善悪」を超越するマーケッターの思考法。

Mさんが電車に乗っていると、優先席のところで3人兄弟らしき小さな男の子たちが騒いでいる。上の2人は、靴を履いたままシートの上に乗ったり、つり革にぶら下がったりして大喜び。末っ子は気に入らないことがあったのか、ずっと泣き叫んでいる。

その横に座っているのは父親だろう。まったく子どもたちの様子を気にすることもなく、ボーッとスマホを見ている。電話がかかってきたのかその場で通話し始めた。

Mさんは心の中で「(なんという親なんだ……)」とため息をつく。きっとほかの乗客たちも不快に思っているに違いない。静かな車内に子どもたちの笑い声・泣き声が響き渡っている。「（こういう親がいるから、世の中がダメになるんだ……）」――Mさんはそう思いながら、イライラを募らせていく。

次第に車内が混み合ってきた。杖をついたお年寄りが乗り込んできたが、優先席がその親子で埋まっているのをちらりと見て、ほかの場所に席を探しに行く。

その光景を目にしたMさんは、とうとう我慢の限界を迎えた。父親らしき男性のところに歩み寄り、冷静だが厳しい口調で「みなさんのご迷惑になっていますよ！」と伝えた。父親が開き直って逆上してくるリスクも考えた。けれど、明らかに悪いのはこの親子。トラブルになったとしても、まわりの乗客が証言してくれるだろう。

しかし、次の瞬間に起きたのは、Mさんが想定していたどの未来とも違っていた。注意された男性は、ハッと我に返った表情で「すみません！」と頭を下げたのである。

「じつは、交通事故に遭った妻が……この子たちの母親が、先ほど病院で亡くなったばか

りでして……あまりにもショックで全然まわりが見えていませんでした。ほら、3人とも、電車の中では静かにしなさい」

子どもが騒いでいるという状況はまったく変わっていないにもかかわらず、Mさんの心（感情）はまったく違うものになった（スティーブン・R・コヴィー著『7つの習慣』〈キングベアー出版〉にあるエピソードをもとに再構成）。

「悪人」にとらわれた人は、一生幸せになれない

人はふつう「自分が正しく、相手が間違っている」と感じている。これは心の自然な動きだから仕方がない。

問題なのはそこから、「自分は正義」「相手は悪」と、ものの見方を固定してしまうことだ。そして、相手が不快な行動を取っている場合、その人を「悪」として解釈してしまう。

なかには、「正義」である自分が、それを正さねばならないと考える人もいる。

このような善悪二元論的な思考アルゴリズムも、しつこい悩みの要因になる。ひとたび相手を「悪」として規定してしまうと、相手の存在そのものに不快感を覚えるようになる。何か具体的な害を被っているわけでなくても、その人がこの世に生きていること自体がストレスになる。それこそ、どちらかが死ぬまでずっと悩みは解消しない。

「悩まない人」は、こうした二元論に陥らない。

相手も「自分が正しく、相手が間違っている」と感じていることを知っているからだ。相手には相手なりの事情があり、真っ当な（だが自分にはきわめて不快な）行動を取っているつもりなのかもしれない。相手の目にはむしろこちら側が「悪」として映っている可能性もある。

「悩まない人」は他者と衝突したとき、**ひとまず相手側の観点から物事を見直そう**とする。そのような行動を取るに至った事情を理解しようとする。それによって、

- **見落としていたが、自分が間違っている**
- **共感はできないが、相手がそう思うのも無理はない**

・どちらが正しく、どちらが間違っているというわけではない

という結論に落ち着き、悩むことを回避しているのである。

「競合にやられて嫌なこと」を全部やる
――マーケッター的発想の本質

私はいつも「自分の立場」で思考した後、「相手の立場」でもう一度考えるクセがある。これは私が経営者でありながら、現場に立ち続けるマーケッターでもあるからだ。

プロのマーケッターは商材を問わない。何を売るにしてもやることは同じ。常に「売る側の観点」ではなく、「買う側の観点」を徹底的に調べていくだけだ。つまり、マーケッターとは「相手の立場でものを考えるプロフェッショナル」なのである。

商品を開発するときも広告をつくるときも、マーケッターは「自分たちが何をつくりたいか」ではなく、「ユーザーが何をほしがっているか」を考える。世の中の売れない商品は、

このプロセスをすっ飛ばしているにすぎない。自分側からしか考えていないから、ユーザーに届かないのである。

相手の立場から考えることは、決して難しくない。むしろ、マーケッター的なものの考え方に慣れてしまうと、どんな問題に直面しても、自分の知識・経験などが問われず、その都度相手の視点にさえ立てれば、やるべきことが最初からはっきり見えるので、**精神的にも非常にラク**になる。プロのマーケッターは、最も「悩まない職業」と言ってもいいだろう。

競合対策においても、この考え方が役に立つ。たとえば、類似商品をリリースしてきた競合他社が現れたとき、多くの企業は「いかに自社の強みを出して差別化していくか」を考えてしまう。つまり、自分の立場からしか物事を眺められていない。

マーケッター的発想ができる人は、こういうとき、真っ先に「**競合の立場からすると、どんなことをやられるといちばん嫌か？**」という問いを立てる。徹底的に相手の視点に立つわけだ。

あるとき、「北の達人」で「モンドセレクションにエントリーすべきかどうか」という議論になった。モンドセレクションとは、世界各国から出品される食品、飲料、化粧品などを審査し、優良な商品を認定する国際的品評機関。ここで受賞できると自社商品に箔がつく。

しかし、日本でも受賞商品はかなりあり、エントリーにもそれなりのお金がかかる。それを踏まえると、いまさら「モンドセレクション受賞」を謳ったところで、大した意味はないのでは？――そんな意見が社内から出てきたのである。

しかし、こういうときこそ「相手の視点で考える」のが有効である。

このとき私は「もしも競合が受賞したらどう思うか？」という問いを立ててみた。当社商品にはモンドセレクションのラベルはないが、当社の類似商品を展開している会社が「モンドセレクション受賞」のラベルを貼って、商品を売り始めたら……？

すると社内のみんなに「競合に先に受賞されるのはすごく嫌だ」という空気が広がり、賞へのエントリーが決まった。

人はつい「自分たちの強み」を起点にビジネスを考えてしまう。しかし、マーケッターは常に「**他者の視点**」を忘れない。だから私は「競合対策」のためには「競合にやられて嫌なこと」を全部やろうと考えているのである。

「白い悪魔」が見えていますか？
――ジオンの立場で考えると善悪は逆転する

「マーケッターの思考法」を獲得した私の原体験をたどると、10代で夢中になった「ガンダム」シリーズに行き着くように思う。

シリーズ第1作である『機動戦士ガンダム』は、「正義」である地球連邦と「悪」であるジオン公国との戦争を描いたストーリーだ。ベースになっているのはシンプルな世界観で、ガンダムという白いロボット（モビルスーツという）に乗った少年アムロが、敵のジオン軍と戦う。そして、最後にジオン軍を倒し、戦争が終結するという物語だ。シリーズ第1作はそもそも子ども向けにつくられていたこともあり、「なぜ戦争をしているのか」などの詳しい背景はわからなかった。

しかし、それ以降の続編やスピンオフ作品は少し大人向けの内容になっており、同じ世界がまったく別の角度から描かれている。初代ガンダムで「正義」として位置づけられていた地球連邦は、続編以降では失政を繰り返してきた「諸悪の根源」とされているのだ。

ガンダムの世界では、地球上の人口があまりにも増えすぎた結果、宇宙空間上につくられたスペースコロニーに人々を移住させてきたという経緯がある。これは「棄民政策」と呼ばれ、要するに地球の人口を減らすため、安全性の低い住環境であるスペースコロニーに多くの人民を棄てたのである。スペースコロニーで苦しい生活を強いられていた人たちは、やがて自由を求めて地球連邦からの独立に向けて動き出す。そのようにして宇宙で暮らす人々を、地球連邦の圧政から解放するために誕生したのがジオン公国である。

このような背景を踏まえると、地球連邦が正義、ジオンが悪というのは、あまりにも平板なものの見方だったと気づかされる。

ジオン公国はまだ小さな国であり、国力は地球連邦にはるかに及ばない。そのため、学生たちが戦争に駆り出されている。学徒出陣で戦地に送り込まれたジオンの若者たちにとって、ガンダムは決してカッコいいヒーローなどではない。絶大な戦闘力を誇る正体不明のロボット兵器であり、「白い悪魔」と呼ばれている。しかも、パイロットは自分たちより若い15歳の少年というではないか。

地球連邦が生み出した「白い悪魔」が戦場にやってくるたびに、味方たちが10機、20機で束になっても一掃されてしまう。それに出合ったら、即、死亡確定。スピンオフ作品などではガンダムはそんな恐ろしい存在として描かれているのである。

ガンダムシリーズの監督・原作者である富《とみ》野《の》由《よし》悠《ゆ》季《き》さん（1941年生）は、すべての作品の根底に「**見方を変えれば善悪は逆転する**」というテーマを置いているらしい。だからこそ、勧善懲悪のスタンスで物語を始めておきながら、途中からは敵側の視点から同じ舞台を捉え直すのだ。

敵の視点に立った瞬間、「正義の味方」と思っていたガンダムが、極悪非道の「白い悪魔」へと姿を変える。明らかに富野さんはどちらかが正しいという価値観で作品をつくっていない。人間にとっての正義や悪が、単なる視点の偏りや主観に根ざしたものだと考えているのである。

少年の頃から富野さんの作品に触れていたことで、私にはさまざまな立場から物事を見る「多面的な考え方」が自然に身についたと思われる。

盗人にも三分の理——他人の思考回路に興味を持つ

人間関係の悩みに向き合うとき、「盗人にも三分の理」ということわざほど核心をついたものはない。どんな悪事にしても、それを働いた本人にしてみれば、その行為をせざるをえなかった理由があるということだ。

実際、殺人犯のほとんどが「あれは仕方がなかった」「あの状況ならだれだって自分と同じことをしたはずだ」という思いを持っているという。DVをする人も同じだ。彼らは「私が殴ったのは、相手が殴られても仕方がないことをしたからだ」と本気で考えている(だからといって、不正や暴力が許されるわけではない)。

はっきり言って、彼らの考え方はきわめて歪《いびつ》で異様である。また、ここまで極端ではないにせよ、こちらがギョッとするような行動を取る人はいる。

しかしこのとき、「この人は悪人だから」「この人は変人だから」と決めつけてしまうのは、一種の思考停止である。前節で触れた「相手が変わるべき病」は、ここから生まれる。「悩まない人」はむしろ、他者がいったいどんな思考回路を経て、そのアクションに至ったのかを丹念に追いかける習慣を身につけている。ありとあらゆる「盗人」たちの「三分の理」を集めているので、「悩まない人」にとっては単純に「絶対的に悪い人」や「絶対的に憎むべき人」がいない。

その人がやった行為に共感することはないにしても、なぜそうしたのかを理解すれば、ストレートに非難するより少しは寄り添ったアプローチができる。

前述のあおり運転をしていた人も、じつは病気の親族のもとに駆けつけるために急いでいて、ついやってしまったのかもしれない。いかなる理由があろうと、あおり運転はいけないが、「何か事情があるのかもしれない」と思うと、少なくとも怒りは収まる。

可能な限りいろいろな人の価値観を知ることが、人間関係の悩みを減らす最も確実な方法である。

ここからわかるとおり、「悩まない人」は「他人に関心がないから」人間関係に悩まないわけではない。

むしろ、「悩まない人」ほど、「他者の思考アルゴリズム」に強烈な関心を持っている。他者を悪人扱いしている人のほうが、相手の価値観をまともに知ろうとしていないという意味で、他人への関心が薄いと言えるだろう。

リクルート江副さんが語った「人間の器を大きくする方法」

「器の大きさとは、何だと思いますか？」

以前、リクルート創業者の江副浩正《えぞえひろまさ》さん（1936〜2013）が社員からそう聞かれたとき、「**どれだけ多くの人の価値観を知っているか**」と答えたそうだ。

同質的な人間関係の中で生きている限り、人間の「器」は広がっていかない。小学校・中学校の頃に同じ地域に住む人とつきあい、高校・大学では同じような偏差値の人と友達になる。社会人になってからも、同じくらい優秀な人と同僚になり、その人たちとばかり交流する。そんな環境下では器は大きくならない。

私はいつも、自分と異なる価値観の人たちを知りたいと思っている。

だからSNSでは、ふだん絶対につきあわなそうな人、決して友達になれなそうな人、根本的な価値観がまったく相容れない人、経営者という仕事やお金儲けを憎悪している人たちをこっそりフォローし、彼らの思考回路を観察している。

別に彼らの価値観に「共感」する必要はない。大事なのは、他者の価値観を「**理解**」することである。

「そんな考え方があるのか……」という**理解の引き出し**を増やし、「器」を広げていけば、他人に腹が立つこともなくなるだろう。

16 松下幸之助「雨が降っても自分のせい」の真意。

「責任」というものをどう捉えるかも、「悩み」に大きく関係している。

責任の「意味」を履き違えたり、責任の「範囲」を見誤ったりすることで、本来は悩む必要がないことにまで心を煩わすことになってしまう。

あなたはふだん、どんなときに「これは自分の責任ではない」と感じているだろうか？

どんなケースだと、「これは他者の責任だ」と考えるだろうか？

次に挙げたのは、さまざまな「他責」の例だ。このうち、「本来は自責で考えたほうがいいもの」はどれだろう？　まずは直感で答えてみてほしい。

□「この顧客はいつも文句ばかり言うクレーマーだ。要求が無理難題すぎるから、まともに対応できなくても仕方がない……」

□「プロジェクトが失敗したのは、同僚がスケジュールを守らなかったからだ。彼女がもっときちんと仕事をしていれば、結果が出せていたはず……」

□「友人がいきなり大きな声を出したので、びっくりして大事なお皿を落としてしまった。彼がそんな発言をしなければ、お皿を割らずにすんだのに……」

□「電車の人身事故で足止めをくらったせいで、打合せに遅刻してしまった。事故がなければ余裕で間に合ったのに……」

□「天気が悪かったからイベントが中止になった。雨が降らなければ、いま頃楽しめていたのに……」

どこまでが「自分の責任」なのか

多くの人は、出来事には「自責の場合」と「他責の場合」があると考えている。

特に責任が問題になるのは、物事が思いどおりに運ばなかったり、想定外の出来事が起こったりしたときだ。

そんなとき、「それはあの人の責任」「これは自分の責任」と考える。

人によって比率は異なるが、多くの人は一部の出来事を自責、一部の出来事を他責として解釈する。この思考アルゴリズムを「**他自責混在思考**」と呼ぶことにしよう。

世の中にはまったく責任を取ろうとしないように見える人がいる。しかし、すべてを他責で捉えている人は現実的には存在しない。そういう人は他責幅が異常に広い「他自責混在思考」といえる。

一方で、「悩まない人」は「**全部自責思考**」である。

「全部自責思考」の人は、全責任は自分にあると考える。

「他自責混在思考」と「全部自責思考」の違い

「他自責混在思考」の人と「全部自責思考」の人では「原因」と「責任」の捉え方が違う。

「他自責混在思考」の人は、出来事の「原因」と「責任」を同一視している。

たとえば、Nさんは同僚にプロジェクトを手伝ってもらったが、同僚がスケジュールを守らなかったため、そのプロジェクトが失敗してしまった。このとき、プロジェクトが失敗した「原因」は同僚にあるといえる。「原因＝責任」なので、プロジェクトが失敗した「責任」も同僚にあると考えている。

逆に、Nさんが自らプロジェクトを主導しており失敗してしまった場合は、「原因」はNさん自身ということになる。当然、その「責任」もNさん自身にある。

一方、「全部自責思考」の思考アルゴリズムでは、**「原因」と「責任」を分けている。**プロジェクトが失敗した「原因」はたしかに同僚だが、その「責任」はNさん自身にあると考えるわけだ。

「全部自責思考」の人は、すべての出来事の「原因」が自分にあると考えているわけではない。ただ、自分が「原因」であろうとなかろうと、その「責任」はとにかくすべて「自分」にあると考えているのである。

また「責任を取る」ということの捉え方も違う。

「他自責混在思考」の人は「責任を取る＝罰則を受ける」と考える。だから、他人が原因の責任を取らされるのは損以外のなにものでもない。

一方、「全部自責思考」の人は「責任を取る＝**問題を解決する**」と考える。だから責任を取る行為とは、自分はもちろん、他人やほかの原因で失敗したことに対して問題を解決したり再発防止策を打ったりすることである。

もう一度まとめると、両者の思考は次のように違う。

●他自責混在思考

同僚がスケジュールを守らなかったせいでプロジェクトが失敗した。

↓「同僚が原因で同僚の責任だ」

●全部自責思考

同僚がスケジュールを守らなかったせいでプロジェクトが失敗した。

↓「プロジェクトの失敗の原因は同僚だが、責任は同僚に任せた自分にある。まずは自分がこのプロジェクトのリカバリーをしよう。また、今後は任せる相手をもっと吟味し、任せっきりにするのではなく、定期的にチェックを行い、任せた相手が失敗しないようにしよう」

ここでも「他人を変える」のではなく「**自分が変わる**」のである。

なぜ「関係なさそうな事件」も「自分の責任」だと言えるのか？

以前、私が「他自責混在思考」と「全部自責思考」の違いについてSNSでポストしたところ、多くの人から反応があった。その中には「……でも、こんなケースなら自責にはならないですよね？」といった質問が多く含まれていた。

結論からいうと、それらはすべて私には「自責」の範囲に入るものだった。このとき私は、いかに多くの人が「他自責混在思考」に縛られているのかを実感した。

多くの人には「全部自責思考」はかなり納得しづらいらしい。ひととおり説明しても、出来事の「原因＝責任」という思い込みが抜けない人はけっこういる。

逆にいえば、ここが「悩まない人」の考え方の核心部分ということだ。

これをクリアできると、世の中の見え方がガラッと変わる。

とても大事な分岐点なので、ぜひスピードを落としてじっくり読んでほしい。

「全部自責思考」は「全部自分が責任を取る」という「意志」の話である。

意志の観点でいえば、なんでも自責にできる。

たとえば、日本のある遠い町で通り魔事件が起きた。

これを「全部自責思考」で考えると、自分が被選挙権を行使してその地域の政治家となり、影響力を持って再発防止策を実施することができる。少なくとも国内で起きる出来事は、25歳以上の被選挙権を持つ人なら「全部自責思考」で考えられる。

しかし、「意志」なので、やるかやらないかは**別問題**だ。

私自身は「自分の会社」に対しては「全部自責思考」を行使しているが、「日本国全体」に対しては行使していない。

ただ、私は「遠い地域で起きたから責任は果たせない」ではなく、「被選挙権を行使すれば責任を果たせるかもしれないが、それをしないと決めた」という意志を持っている。「できない」のではなく「**やらない**」と決めているのである。

だから、「これは自責にできませんよね？」という質問に対する答えは、「できます。ただ、やるかどうかは自分の意志次第」である。

「問題に対処できる／できない」で見ると、すべてのことは「自責」に回収できる。

なぜなら、134ページで見たとおり、「できない」は存在しないからだ。

世界にだれか一人でもそれを実現している人がいるなら、そのやり方を調べ尽くして同じことを実践すれば、それは「できる」に変えられる。

「責任がある」と「責任を取る」のあいだ

もちろん、「だからみんな政治家になろう」という話ではない。

私はあくまでも「思考アルゴリズムとしての責任」の話をしているのだ。

いま説明してきた思考アルゴリズムを習得すれば、どんな出来事も「自責」で〝解釈〟できるようになる。

しかし、そのような「自分の責任」を〝取るか取らないか〟は、まったく別の話である。

「責任を取る」とは、その問題に対処することだ。

つまり、「私は起きているすべての問題に対処することが〝できる〟」としても、「問題に対処する〝**行動は取らない**〟」という選択はあってもいい。

これは「1兆円企業をつくれる（＝つくる方法がわかっている）」としても、「1兆円企業をつくらない（＝方法を実践しない）」という人がいていいのと同じだ。

遠い町で起きた通り魔事件に対して、たしかに私は責任を持っている。被選挙権を行使して政治家になれば、その再発を防ぐための対策を講じることが「できる」からだ。

しかし、それを実行しようという意志は持っていない。「**できない**」**のではなく**「**やらない**」と決めているのである。

責任を取らないことは、別に悪いことではない。私は通り魔事件の責任を取ろうとは思わない。

ただ、同時に私は、それを他人の責任だとも思っていない。もちろん、事件が起きた原因は犯人にあり、犯人が刑事責任を負うことになる。しかし私はこのときに「日本の政治が悪い」「市の防犯管理がなっていない」「警察がサボッている」「被害者が不用心すぎた」

といった「他責」じみたことは絶対に考えないし言わない。「もっとこうやればいいのに」といった期待はするが、私自身がその問題の責任を取らないと決めているのに他人に責任を押しつけるのはそれこそ「無責任」だ。

「成長」とは「責任を取る範囲」を広げていくこと

かつて「経営の神様」といわれた松下幸之助さん（1894〜1989）は「雨が降っても自分のせい」と言った。彼は天候すらも「自分の責任」と考えていたが、人工気象操作システムを開発するなどして、責任を果たしたわけではない。

「自分に責任がある／ない」は「**思考**」の話であり、

「自分の責任を取る／取らない」は「**意志**」の話である。

すべてを自分の責任と「**解釈**」するにしても、

すべての責任を取ろうと「**決断**」する必要はない。

自分のキャパと実力に応じて、どこまでの範囲で責任を果たすかは、自分次第である。

私は、「自分の会社」で起きたことはすべて自分の責任と考えるし、全責任を果たすと決めている。そして自分と直接接点があることに関しては、なるべく自分が責任を取ろうとしている。そこは個人ごとに無理をする必要はない。

ただ、「私は〝あらゆる問題〟に対処することが〝できる〟」という「考え方」を習慣づけておくほうがいい。

「自分にコントロールできないことがない」と思っていれば、どんなことにも悩まなくなるからだ。

「それは私の責任ではない」「私には対処〝できない〟問題だ」ではなく、

「それは私の**責任である**。問題に対処〝**できる**〟**けれど**〝**やらない**〟」という自覚を持とう。

「できるけれど、やらない」という意思決定は、決して悪いことではない。

そして、少しずつでいいから「**できるし、やる**」に変えていこう。

「責任を取る範囲」を広げていく。それが「**成長**」だ。

17

「出世するほどしんどくなる人」が勘違いしていること。

前節の「責任」論からの続き――。

管理職になりたがらない若い人が増えているという。

管理職とは責任者の一種。つまり、「責任を取る」ことに対してネガティブなイメージを持っている人の割合が、若い世代を中心に高まっているのだろう。

なぜ「責任を取る」のが嫌なのか？

その理由の一端は、「責任を取る」という意味が誤解されているからだと思う。

「選挙での大敗の責任を取り、党首を〝辞任〟しました」
「組織ぐるみの不正の責任を取り、会見で〝謝罪〟しました」
「職員の不祥事の責任を取り、3か月分の〝減給〟処分となりました」

メディアで見かける「責任を取る」は、ほとんどの場合が「罰を受ける」と同義である。
また、人々が「責任を取れ！」と言うとき、そこには「罰を受けろ！」という含意がある。

「責任を取る」と「罰を受ける」はまったく別のこと

しかし、前節で見たように、「責任を取る」とは本来、何か問題が起きたときに「辞任・謝罪・減給」といった「罰」を受けることではない。あくまでも「**起きている問題に対処すること**」である。

迅速に問題の拡大を止め、被害を最小限にとどめ、打開策を打って原状回復に努めながら、今後の再発防止策も講じる――こうしたアクションを取ったときに初めて、その人は**「責任を果たした」**といえる。

「カメラの前で頭を下げて職を退く」だけで責任を取ったことになる社会は、じつのところ、きわめて異様だ。

それは実際には「責任を取っている」のではなく、「力を持っている人・組織を引きずり下ろして、溜飲を下げたい」という大衆の欲望に応えているだけだ。

責任者が罰を受けたところで、事態は1ミリも改善しない。問題はそのまま残り続けている。結局、じつはだれも責任を取っていないのである。

「責任を取る」と「罰を受ける」は、まったく別のことである。

「責任を取る」とは問題に対処すること。責任者とは「問題への対処を引き受ける専門職」にすぎない。

もし責任者が、問題が起きたときに罪を押しつけるための「スケープゴート」を意味するなら、そんな立場にはだれも就きたがらないだろう。若手社員が管理職になるのを嫌がる組織では、このように「責任を取る」の意味が歪んでいる可能性が高い。

また、このようなマインドを持ったまま管理職になってしまうと、日々悩むことになるのは当然だ。だれがそんな罰ゲームのような仕事をやりたいだろうか。

マネジャーとして部下たちと関わりながら、余計な悩みにはまり込まないようにするには、「責任者」に対する発想の転換が必要となる。

「出世する人」のたった1つの条件

前節で見たとおり、人はすべての出来事を「自分の責任」と捉えることができる。

しかし、その責任をどこまで果たすかは、本人の意志次第だ。

自分自身が「原因」となっている問題の「責任」だけしか取りたくない人もいるだろう。

また、自分のせいで問題が起きても、その責任を自分で取れない人もいる。典型例は子どもや障がい・病気がある人だろう。小さな子どもは、一緒に遊んでいた友達にケガを負わせたとき、自分で責任を取ることはできない。だから親が責任を果たし、その問題に対処することになる。

仕事の場面でも、だれもが同じように責任を取れるわけではない。一人で大きな問題に対処するスキルがない人（新人など）、また、そもそも問題に対処する意志がない人（他責に逃げたくなる人）が存在する。

一方、自分の仕事の領域を超えた問題にすら、責任を取る覚悟がある人がいる。あるいは、他者が原因となって起きた問題にまで対処できてしまう人がいる。これが本来の意味での「責任者」である。

責任者の仕事は、「責任を負いたくない人」や「責任を負えるだけのスキルがない人」の代わりに責任を負うことである。

たとえば、２人の部下のミスによって問題が発生したとしよう。一方の部下はベテラン社員だが、「私の責任ではありません！」の一点張りで話にならない。もう一方の部下は、事態をなんとかしようとしているが、なにぶん経験が浅いため問題に対処しきれない。そんなときに、「責任を取る専門職」である責任者は代わりに問題を引き受け、適切に対処していくのである。こういう人だけが組織で出世していくのだ。

責任者の給料が高い本当の理由

したがって、責任者がその立場を任されているのは、ほかの人より「大きな問題に対処する能力」を持っているからである。

一般に、企業では大きな問題を解決するほど、大きな利益（あるいはより大きな損失回避）につながる。それゆえ、責任者は通常、一般メンバーより多くの報酬を約束されている。そして、より大きな問題に対処できる責任者ほど、大きな報酬を受け取ることになる。

これが「責任者の給料が高い」本当の理由である。

「責任を取る＝罰を受ける」という世界観に縛られている人は、昇進・昇格するほど給料が上がっていく理由を「ツラいことに耐えた分の報酬」として捉えている。しかし管理職の給料が高いのは「我慢料」だからではない。

逆に、責任者の立場にあるにもかかわらず、「全部自責」の思考アルゴリズムを持たず、状況に応じて「これは自分の責任ではない」と言い訳をしているなら、本来その人は「責任者失格」である。

対処すべき問題に対処しないまま、人より高い給料を受け取っていることになるので、ある意味では「得」をしているといえる。

経営者から見れば、こういう人を責任者のポジションに置いているのは「損」以外のなにものでもない。

「抜擢」される人、されない人の分岐点

「長年、仕事をしているのに、いつまで経っても昇進しない」と悩んでいる人は、

・「全部自責」の思考アルゴリズムを持てているか？
・十分に広い（自分を超えた）範囲の責任を果たそうとしているか？
・その責任を果たせるだけのスキルが身についているか？

を振り返ってみるといいだろう。

いつまでも一般社員のままで、マネジャーに抜擢されない人は、「全部自責思考」を身につけられていないのかもしれない。

いくらビジネス上のスキルが高くても、「他自責混在思考」が見え隠れする人には、責任者は任せられない。

私の経験からすれば、「全部自責思考」ができる人は、10～20人に一人程度。だから、思考アルゴリズムを切り替えるだけで、責任者に抜擢される可能性を一気に高めることができる。

また、一定レベルの管理職になったものの、そのポジションのまま停滞している人は、より広範囲の責任を果たそうとする「意志」が欠如しているか、責任を果たす（＝より大きな問題に対処する）ための「スキル」が欠如しているかのどちらか（または両方）である。そこがボトルネックとなって、「（これより上のレベルの責任者は任せられないな……）」と判断されているわけだ。

とはいえ、誤解しないでほしい。

私はここで「幅広い責任を果たせる人のほうがすばらしい」「大きな問題を解決できる人のほうが偉い」と言いたいわけではない（もちろん、経営者目線では、そんな人材がいてくれるほうがありがたいのは事実だが）。

本書の目的である「悩まない」という観点からすれば、重要なのは「自分がどこまでの責任を果たすか」を自ら決め、それに集中することである。他者がどれだけの責任をどれくらい果たしているかは気にしなくていい。

「自分が何の責任者になるのか？」は自分で決めればいいのである。

・**自分だけの責任者**
・**自分の家族・チームの責任者**
・**自分の部署の責任者**（部長・課長など）
・**自分の会社の責任者**（社長、役員など）
・**自社の業界の責任者**（業界団体のリーダーなど）
・**自治体の責任者**（市長・村長・地方議員・首長など）
・**日本の責任者**（総理大臣・国会議員など）

実際にこのような役割を担っていなくても、まずはその**責任者の意識で行動**してみよう。それに見合った責任を果たせることを示せれば、たいていの役職は後からついてくる。

18
「株式会社ジブン」で生きていく。

営業のOさんはいまの職場に不満を持っている。

彼の今期のノルマは「10件の成約」だが、それに関して上司からはこう言われている。

「1件の契約を取るには、10件の商談をしないといけない。だから10件の成約には100件の商談をしなさい。そして、1件の商談につなげるには、10社に電話をかけないといけない。だから100件の商談をつくるために1000社に電話をかけなさい」

上司の言うとおり1000社に電話をかけ、結果を出している同僚もいる。しかし、Oさんは、このやり方はあまりにも効率が悪いので商談の決定率を上げるべきと考え、同僚たちと飲みに行った際に「ウチの上司はバカだ」と陰口をたたいている。

実際にOさんは嫌々1000社に電話をかけているので、なかなか商談につながらない。また、1000社に電話をかけることに時間を取られ、商談の決定率を上げる工夫もできていない。よって成果も上がらない。会社ではとても肩身の狭い思いをしているが、「あんな無茶な指示を出す上司が悪い。うちの会社はなんでも〝根性〟で乗り切ろうとする」と不満をこぼすばかり……。

本人も心のどこかで「(このままでいいのか……)」とモヤモヤしているが、具体的なアクションを起こせないまま時間だけがすぎている。

不満を抱える人が「他責のストーリー」をつくる仕組み

どんな組織も完璧ではない。

不十分な点を指摘し、それを改善する行動は歓迎されるべきである。

しかし、「全部自責思考」ができない人は、そうした問題の責任が自分にあるとは考えていないので、何も行動しない。残された行動の選択肢は「我慢」しかないので、当然ながら「不満」が溜まる。だから、組織の悪口を言ったり、そこで働く人を見下したりして、なんとか自分を保つしかないのである。

しかし、会社に対する不満を抱え込まず、まったく気にしない人もいる。

ここにはどんな思考アルゴリズムの違いがあるのか？

結論からいうと、両者では「自分と組織の関係性」の捉え方が大きく異なっている。

なんでも会社のせいにしてしまう人は「会社の〝内側に〟自分がいる」と考えている。

つまり、自分は会社に雇われ、すっかり会社の一部になっているというわけだ。

この世界観を前提とすると、会社（上司）からの命令は絶対である。指示されたことを指示されたやり方でこなすしかない。「成約10件のために1000回電話しろ」と言われれば、1000回電話するしかなくなる。

だから命令を遂行できなかったり、目標を達成できなかったりした場合、ものすごいストレスがかかる。それをなんとかやりすごすには、「命令や目標そのものが理不尽すぎる」といった「他責のストーリー」をつくり上げるしかない。

ストレスフリーな人の考え方

一方、「悩まない人」は「会社の〝外側に〟自分がいる」と捉えている。

「勤務先に自分が雇われている」のではなく、「勤務先の会社と『株式会社ジブン』が業務提携契約を結んでいる」という世界観で仕事をしているのである。

もちろん「株式会社ジブン」は、自分の頭の中だけに存在するバーチャル法人にすぎない。

だが、1つの思考実験として、自分を「株式会社ジブンの経営者」と見立てると、勤務先との関係性がまったく違って見えてくる。「雇用主との一方向的な雇用関係」ではなく、「会社同士の対等な取引関係」になるのである。

会社間の取引では「不満」は発生しない。Q社が「ひと月にこれだけの仕事をしてください。それに対する見積りはこの金額です」と提示し、もう一方のR社が「その条件では受けられません」と返答すれば、単純にその話はなかったことになる。

Q社もR社もそのことでいちいち悩んだりせず、互いに執着することもない。どちらも条件が合う別の会社を探すだけだ。

「株式会社ジブン」と勤務先企業との関係も、これと同じ。向こうが提示する条件がよくなければ、無理して取引する必要はない。無理に提携関係を維持して、ブツブツと不平を垂れ流す理由はどこにもないのだ。互いに条件が合う別の取引先＝転職先を見つければいい。

人生のあらゆる選択が「経営判断」に変わる！

「株式会社ジブン」を思考グセにできると、仕事の進め方も変わってくる。

勤務先企業はあくまでも1つの取引先にすぎないので、必ずしも仕事の進め方（プロセス）まで言われたとおりにする必要はない。

前述したOさんの例でいえば、最終的に評価されるのは「10件の契約を取れたかどうか」だ。「1000件に電話するよりもいいやり方」があるというなら、「株式会社ジブン」の経営者として、より確実に成果が出せる方法を選択すべきである。

私自身、リクルートに勤務していたときには、「株式会社ジブン」とリクルートが業務提携しているというマインドで仕事をしていた。

10件の成約さえ出せばいいので、1000社への電話が非効率ということを上司にわかってもらう必要はない。もちろん「非効率だと思う」と言ってもいいが、取り合ってくれないからといってふてくされる必要はない。私がOさんの立場なら、「1000社への電話」の部分は「やっているふり」をしてうまくかわしつつ、商談1件あたりの精度をさらに高め、より効率的に「成約10件」を実現する道を探るだろう。

また、頭の中に「株式会社ジブン」を持っている人は「時間」や「お金」の使い方も違ってくる。仕事だけでなく、人生のあらゆる場面において、すべてのアクションが「経営者としての投資判断」へと意味を変えるからだ。

自分の時間を仕事に当てるべきか、将来のための勉強の時間に当てるべきか、あるいは、家族との余暇に回すべきかなどは、経営者がやっているリソース配分そのもの。お金の使い方も同じだ。クルマを買うべきか、食器を買うべきか、金融資産として持つほうがいいか――。最も投資効果が高いお金の配分を考えることになる。

他人に完璧を求める人たちの心理メカニズム

「株式会社ジブン」としての思考アルゴリズムをインストールし、自分と会社を対等な関係とみなすと、他人に対して「完璧」を求めることがなくなる。

一方、自分は「組織の中の一部である」という認識の人は、「学校」「職場」「お店」「公共サービス」「国」などに対して「完璧なサービスやサポート」を求め、少しでもミスや失敗を発見すると怒り出す。


たとえば、社内システムが不具合を起こしたとき、カスタマー部門の人が不満を持ったとしよう。そして彼は社長に「システム部門の人たちはいったい何をやっているんですか！ちゃんと自分たちの責任を果たすべきですよ」と声を上げる。

しかし、少し知識がある人ならわかるとおり、システムにエラーはつきもの。バグのないシステムなどありえない。なのにこのカスタマー部門の人は他人に「完璧」を求めてきたのである。

そこで社長が「では、ぜひあなたがこの問題に対処してください」と伝えると、その途端、彼は尻込みする。「え……私はカスタマー部門の仕事で責任を果たしているので……。システムのことはシステム部門でやるべきだと思います」。すると社長がさらに言う。「では、システム部門に異動してください。そうすれば、この問題に向き合えるでしょうから」。もちろん彼は首を横に振る。「いやぁ……それはちょっと……」。

国や地方の政治に文句を言い続けている人、商品・サービスに少しでも不具合があると怒り出すクレーマー、学校に無茶な要求をするモンスターペアレントなども同じである。「こっちはお金を払っているんだから、そっちが完璧に責任を果たすのは当たり前でしょう」が彼らのロジックだ。

しかし、社会の中で少しでも仕事をしたことがある人なら、完璧な仕事などないことがわかる。その人は勤め先から「お金を払っているんだから、1ミリたりともミスは許さない」と言われたら、受け入れられるのだろうか。

他人に完璧を求め続ける人は、人生のあらゆる場面においてずっと「お客さん気分」なのだ。どこでも完璧な「接客」が受けられると思っている。しかし、現実には完璧な仕事はありえないので、常に期待とのギャップを味わい続け、不満を抱え続けることになる。

そして、そこから抜け出すこともできない。

「それは私の責任ではないので……」と他人に委ねてしまい、自分の人生のハンドルを自分で握っていないのだ。

すべてを「株式会社ジブン」としての取引だと考える人は、そもそも「自社」が完璧ではないのと同じように、「取引先」も完璧ではない中で最大限の努力をしてくれていると考えている。だから、何か相手方にミスが発生しても、不満は持たない。その「会社」と取引するという経営判断を下したのは、ほかでもなく自分だからだ。そして「これまでミスが起きなかったのは、きっと御社のがんばりがあったからですね。ありがとうございます」と感謝の念すら持つことになる。

不満を持っている人が、不満を押し殺すのは無理な話。

持ち前の「我慢強さ」で対処する人もいるが、そんなやり方は長続きしないし、精神衛生的にもよくない。

それより大事なのは「**不満が生まれないような考え方**」を身につけることだ。

「株式会社ジブンの経営者」としてのマインドを身につければ、「すべてを自ら選んでいる」という感覚が得られ、他者に対する不満がなくなる。

どんなにひどい状況でも不満を持たない人は、決して我慢強いわけではない。**不満が生まれない思考アルゴリズム**を持っているにすぎないのである。

第2部

「悩まない人」は世界をどう変えているか

――問題を「具体的な課題」に昇華させる思考アルゴリズム

19

「あ、おれ、いま悩もうとしてる……」

私は学生時代に「リョーマ」という学生企業に所属していた。関西圏の大学生らが1986年に設立したリョーマは、当時、「未来の起業家たちの梁山泊」ともいうべき場所で、創業2年目にはすでに年商5億円を超えていた。当時のメンバーは、ほぼ全員がいまでもビジネスの第一線で活躍している。

大学2年生だった私は1988年に同社に参画した。このときリョーマの社長だったのが、現・GMOインターネットグループ副社長COOの西山裕之さん（1964年生）だ。

西山さんは私が最も尊敬するビジネスパーソンの一人であり、西山さんからは多大なる影響を受けている。

西山さんは、悩んでいるメンバーがいると、決まっていつも声をかけていた。その日も、同僚の佐藤くんが落ち込んでいるのに気づいて、オフィスでこんな会話が始まった。

西山「佐藤、おまえ悩んでるんか？」
佐藤「あ、はい……ちょっと悩んでいるかもしれません」
西山「ほんで、何を悩んでんねん？」
佐藤「いや、じつは◯◯が××だという問題がありまして……」
西山「で、結局、何がどうなったらええねん？」
佐藤「えーっと……◯◯が☆☆になったらいいんですが……」
西山「そのためには何をせなあかん？」
佐藤「うーん……××を☆☆にしないといけませんね」
西山「ほな、やれや」
佐藤「はい！　やります‼」

会話はわずか1分ほどだっただろうか。たったこれだけのやり取りで、悩んでいた佐藤くんの表情はみるみる晴れ渡り、彼は猛烈な勢いで行動し始めたのだ。

そして、佐藤くんと同じくらい、西山さんの言葉に衝撃を受けていた人物がもう一人いる。ほかでもない、その隣で話を聞いていた私である。

「(すごい‼　そうか……こうやって考えれば、悩みって全部なくなるのか!)」

このときの情景は、いまでも鮮烈に記憶に残っている。これこそは、私が「悩まない人」の思考アルゴリズムを身につけることになった原体験である。

私はもともと、とりわけ悩みがちな性格だったわけではない。

それでも、何か問題にぶつかったりすれば、そのたびに悶々と考え込んだりしていた。「ああでもない、こうでもない」と堂々巡りにはまり込み、時間を浪費してしまうことがあった。

しかし、西山さんからの一連の問いかけで佐藤くんの表情が変わっていくのを目にした瞬間、私には**「悩まない人」の秘密**がわかってしまったのである。

それ以来、私はどんな大変な目に遭っても、悩みに取り込まれることがなくなった。

西山さんと佐藤くんとの対話には、「悩まない人の考え方」、とりわけ第2部の主題である**「問題を『具体的な課題』に昇華させる思考アルゴリズム」**のエッセンスが詰まっている。第2部の前半では、おもにこの対話を参考にしながら、実践に役立つ思考法を紹介していくことにしたい。

「悩んでいる自分に気づく」ステップ

まず注目したいのが、冒頭のやり取りである。

「佐藤、おまえ悩んでるんか？」

「あ、はい……ちょっと悩んでいるかもしれません」

ここで重要なのは、佐藤くんは西山さんに問いかけられるまで、「自分が悩んでいる」という事実に気づいていなかったことだ。

人は悩みの状態に陥るとき、「よーし、これから悩むぞ！」と思ったりはしない。悩みはいつのまにかやってきて心のリソースを奪い、ぐるぐると同じことを考えさせるものだ。そのため、悩んでいる人にはたいてい「自分は悩んでいる」という自覚がない。

主観的にはそれは「不快な感情」「落ち着きのなさ」「ザワザワ」「モヤモヤ」として知覚される程度だ。本人は何か「考えごと」をしているつもりになっているが、実際には、ただ思考がぐるぐると同じところを回っているだけ。だから、問題に決着をつける答えは決して出ない。こうして人は悩みの沼にはまっていくわけだ。

それゆえ、悩みを脱するうえでなによりも必要なのは、「**まず悩んでいる自分に気づく**」というステップである。

悩みを自覚する力を高めるには、とにかく日頃から「自分の感情」を観察しておくことだ。特にネガティブな感情には比較的気づきやすいので、心が不快を感じ取ったとき、そこに注意を向けてみよう。「あ、いま私は怒っているな」とか「お〜、いま、すごく嫌だと感じたな」という具合である。

「感情モード」が「思考モード」に切り替わる質問

不快な感情に気づけたら、次はその「**原因**」に目を向けてみよう。「自分はなぜいまその気分を味わっているのか？」を振り返ってみるわけだ。

先ほどの対話を思い返してほしい。

「ほんで、何を悩んでんねん？」

と西山さんから問われたことで、佐藤くんは「いや、じつは○○が××だという問題がありまして……」と、感情の**原因**を考察し始めている。これにより、それまで「感情モード」に入っていた心のスイッチが、一気に「**思考モード**」へ切り替わったのだ。

結局、悩みは、ある種の「思考停止」の状態である。

悩もうとしている自分に気づき、その原因に目を向けてみると、「感情」優位になっていた心が「思考」の側に傾く。第1部で紹介した思考アルゴリズムを身につけている人なら、実際のところ、このように心のモードを「思考側」にスイッチするだけで、たいていの悩みは即座に霧消する。

私がまったく悩むことがないのも、こうしたモードの切り替えにより、悩みの発生を未然に防いでいるからである。悩みが生まれた後に、それを消しているわけではない。

「はじめに」で触れたとおり、上場企業の経営者をやっていると、日頃からさまざまな難問が降りかかってきて、「嫌だな……」「しんどいな……」と感じることは無数にある。しかしこれは、心の「好み」に由来する感情的な反応なので、どうしようもない。

肝心なのは、問題に直面して不快な感情が生まれたときに、「**悩もうとしている自分**」に気づけるかどうかだ。そこで「(なんで、おれは嫌な気持ちになっているんだろう……?)」と自分をしっかりモニタリングできる状態になれば、感情モードが暴れ出すのをわりと簡単に食い止められる。

ひどい経験をしたときに作動する「心のサーモスタット」

こんな話をすると、「ショックなことがあると、つい感情モードで突っ走ってしまうんです」と返答されることがある。

しかし、「大きな感情に流されてしまう」というのは、単なる思い込みである。「悩まない人」の観点からすれば、不快な感情が大きければ大きいほど、「悩みかけている自分」に気づきやすいからである。

私自身を振り返ってみても、嫌でたまらない出来事やはらわたが煮えくり返る気持ちになったときほど、

「(あ、おれ、いま悩もうとしてるな……)」

というメタ認知が生まれやすい。だからこそ「(いかんいかん、こっちの感情モードはやめて

おこう。思考モードで対処しよう）」とスイッチが入る。

このような心の機能は、「サーモスタット」のようなものだ。

電気ポットやアイロンなどには、一定以上の高温を検知すると、自動的にスイッチが切り替わって温度の上がりすぎを防ぐ制御装置「サーモスタット」が搭載されている。お湯が沸くと自動的にポットのスイッチが切れるのは、この装置のおかげだ。

「悩まない人」の心は、これと同じように不快な感情が一定レベルを超えると、自動的に「思考モード」へ切り替わるようになっているのである。

創業2年目で詐欺に遭ったときに私が悩まずにすんだのも、「心のサーモスタット」のおかげだ。詐欺師に騙されたときは、ものすごく腹が立ったし、全財産を奪われたことに落胆した。だが、感情が激しく揺れ動いたからこそ、私の中に「（あ、おれはいまから悩もうとしてるな……）」という気づきが生まれ、すぐさま思考モードに立ち返ることができたのである。

また、10年くらい前に会社ですごいトラブルがあったとき、私は妻に「創業してからいままで、今日がいちばん悔しい！」とこぼしていたらしい。

「らしい」というのは、翌日、妻にその話をされるまで、そんな発言をしたこと自体、すっかり忘れてしまっていたからだ。私はそれほど怒り・悔しさ・悲しみなどの感情が長続きしない。感情が大きく動いたときのほうが、思考モードのスイッチがすぐ入るようになっているからだ。

どうでもいい悩みほど「中毒化」しやすい

むしろ難しいのは、自分でも気づかない些細な違和感や、ちょっとしたイラつきである。感情が大きく動かないので、思考モードへのスイッチが入らず、気づくと長時間モヤモヤすることになる。

そう考えると、「まったく悩まない」と言っている私も、じつは日々のどうでもいいことに悩んだりしているのかもしれない。大きな不快感であれば「（いかん、ギアチェンジしよう！）」と気づいてすぐに思考モードのスイッチが入るが、取るに足らないレベルの不快感では「心のサーモスタット」が作動せず、悩みが放置されている可能性があるからだ。

これは、ヘビースモーカーのほうがきっぱり禁煙できるのに似ている。暇なときにちょっとたしなむ程度の喫煙者のほうが、なかなかタバコをやめられないという。

いずれにせよ、大切なのは**「不快な感情」を敏感に察知**できるようになることだ。

ぜひ、日頃から「自分の感情」をつぶさに観察するトレーニングを積んでほしい。

心の中をただぼんやり見つめるだけでなく、295ページで紹介するように、「書く」という行為も有効だ。文字にアウトプットすることで、心の動きに対する観察力を磨くことができる。

20

「何がどうなったらいいのか」から目を逸らさない。

「で、結局、何がどうなったらええねん？」

前述のとおり、西山さんはいつもこの問いを発していた。
これこそ、**人を悩みから解放してくれる究極の問い**である。
この思考アルゴリズムについて掘り下げていくことにしよう。

「原因解消思考」と「最終目的逆算思考」

「結局、何がどうなったらいいのか？」――これは拙著『時間最短化、成果最大化の法則』でも紹介した「最終目的逆算思考」にほかならない。

同書はおかげさまで10万部超のベストセラーとなった。すでにご存じの方もいるかもしれないが、本書のテーマ「悩まない人」に合わせながら解説しておきたい。

何か具体的な問題が発生しているとき、2方向のアプローチが考えられる。

① **原因解消思考**
② **最終目的逆算思考**

前者は問題を生み出している「**原因**」を調査・発見し、原因を取り除くことで問題を解決する手法である。

後者は、そもそもの「**目的**」に立ち返り、そこから逆算しながら別の方法を発見することで、当初の問題を回避する手法だ。

『時間最短化、成果最大化の法則』では、スタートからゴールまで24時間以内にたどり着くゲームの事例を紹介した。ゴールに至るまでのルート上には大きな岩が邪魔をしている。「大岩のせいで道を通れない」という問題が発生していたわけだ。

このとき、「この岩をどうするか？」にフォーカスするのが「原因解消思考」である。

ある人は「腕力が足りないせいで、岩を動かせなかった」と考え、筋トレに励む。

別の人は「人数が足りなかったせいだ」と考え、岩を動かすチームを結成し、それを動かすためのリーダーシップを磨く。

一方、「最終目的逆算思考」をする人は、「この岩をどうするか？」ではなく「**結局、何がどうなったらいいのか？**」を考える。言うまでもなく、このゲームの最終目的は「24時間以内にゴールにたどり着くこと」である。

目的から逆算した彼は、すぐにアルバイトを始め、稼いだお金でヘリコプターをチャーターしていち早くゴールにたどり着く。

「悩まない人」が「原因」にフォーカスしない理由

過去にうまくいっていたものがうまくいかなくなった場合や、他人ができていて自分ができていない場合は、「その差となっている原因」を探す「原因解消思考」が向いている。

しかし、そうでない場合には「原因解消思考」は機能しない。

多くの人の悩みは、未知の問題に対して「原因解消思考」で立ち向かってしまった場合に起きている。

「岩」という原因の解消にとらわれると、そこにはツラく険しい道が待っている。筋トレをしたりリーダーシップを磨いたりすることになり、無駄な時間や労力がかかる。しかも、それでうまくいく保証もないので、何度も壁にぶつかるうちに悩んでしまう。

世の中には、問題の原因と思われていたことが、じつは原因でもなんでもないというケースが多々ある。そんな「ニセの原因」の解消にとらわれた人は、そこにエネルギーを吸い取られ、どんどんドツボにはまっていく。

「悩まない人」は、未知の問題に対しては常に「最終目的逆算思考」をしている。

西山さんが口グセのように「結局、何がどうなったらええねん？」と言っていたのは、西山さんにすでにこうした思考アルゴリズムが備わっていたからだろう。

「悩まない人」は、問題にぶつかったとき、常に「本来の目的」を見直す。そして、その問題にぶつからずにすむ別のルートを複数考え、その中からゴールにつながる「最短の迂回ルート」を選んでいるのである。

典型的な一例が、秋元康さん（1958年生）がプロデュースしたアイドルグループ「AKB48」だ。当時の音楽業界は「CDが売れない」という大問題にぶつかっていた。関係者たちはいかに「売れる音楽」をつくるかに頭を悩ませていた。

しかし、ここでの最終目的は「CDを売ること」である。たとえ音楽がヒットしなくても、CDさえ売れればいい。

そこで秋元さんがたどり着いたのが、AKB48のCDに握手会参加券や総選挙の投票券をつけるというアイデアである。これにより、同じCDを何十枚も買うファンが多数現れ、AKB48のCDはミリオンセラーを連発することになった。

これも最終目的に立ち返ることで、「売れる音楽をつくる」という大きな岩を迂回するルートを見つけた好例といえるだろう。

「低評価に悩む人」が心の底で求めていること

ここまで紹介してきたさまざまな悩みも、「最終目的逆算思考」を取り入れれば、一瞬で解消できるものばかりだ。

たとえば、電車が運休になったことに頭を抱えていたAさん（50ページ）。

彼にとっては、ある目的地に行くことが最終目的だった。「電車が動かない」という原因にとらわれず、「目的地にさえ行ければいい」と「最終目的逆算思考」で考えれば、タクシーや自転車、徒歩という手段に目が行く。

最終目的が「目的地にいるだれかとの打合せ」なら、電話やリモート会議に切り替えてもらう方法も考えられる。

また、会社での評価が低いことに悩んでいたBさん（59ページ）も、「原因解消思考」で取り組んでしまっている。彼女は、低評価の「原因」である「成果の低さ」を解消しようと、うっかり目の前の仕事をがんばってしまった。

しかし、彼女の最終目的が別にあるなら、これは永遠に報われない努力である。このとき、次のような目的が考えられる。

- 他人から評価されたいから、低評価に悩んでいる（最終目的は「承認欲求の充足」）
- 同僚に負けたくないから、低評価に悩んでいる（最終目的は「ライバルに勝つ」）
- 会社に認められたいから、低評価に悩んでいる（最終目的は「昇進・昇格」）
- もっと給料をもらいたいから、低評価に悩んでいる（最終目的は「給料アップ」）
- 肩身の狭い思いをしたくないから、低評価に悩んでいる（最終目的は「安心感」）

もしBさんの最終目的が「安心感」なら、無理に評価を上げようとする必要はない。「とにかく職場で楽しく気楽にすごす」というゴールから逆算すると、「職場の人と仲よくなる」という道も考えられるからだ。

また、「会社に認められて昇進・昇格すること」が最終目的だとしても、ただ仕事をがんばるだけでは筋がいいとはいえない。会社の評価基準を徹底的に調べ、それに合わせて行動を変えるべきである。

その会社の重点評価ポイントがよく変わっているようなら、会社の状況や方針を把握し、そのために重要な仕事とは何かをつかみ、そちらに業務をシフトしていくべきだ。

もしくはしっかり評価されるべきポイントで成果を上げているにもかかわらず評価されていないなら、自分の成果が正しく評価者に伝わっていないのかもしれない。

その際は、評価者に成果がどのように伝わる仕組みになっているかを確認したほうがいい。いずれにせよ、評価を上げたいのなら「評価基準」「評価の仕組み」を確認することが第一優先だ。

壁にぶつかったときにはまず、「結局、何がどうなったらいいのか？」を問い直し、そのうえで前提自体を疑いながら、「そのためには何をすべきか？」を考えていくようにしよう。

21

ロジカルシンキングができる人ほど、「深い悩み」にはまり込む理由。

常に目的に立ち返る思考グセをつけておくと、問題に向き合うにあたって、その人がとらわれている「思い込み＝前提」が外れやすくなる。これが「最終目的逆算思考」の最大のメリットである。

まず「結局、何がどうなったらええねん？」という質問が先行し、その後に西山さんから「そのためには何をせなあかん？」と問われたことで、佐藤くんは最初にとらわれていた前提から抜け出すことができたわけである。

逆にいえば、未知の問題に「原因解消思考」を適用してしまう人は、「これが問題の原因である」という思い込みにとらわれている。どれだけ理路整然と物事を考えられる人でも、前提が誤っていれば当然、答えも間違ったものになる。

頭がいい人が陥りやすい悩み——前提を外す思考クイズ

ロジカルシンキングができる人ほど、なまじ推論能力が高いせいで、誤った前提を握りしめたまま、誤った結論に猛スピードで突進してしまうことが多い。「岩が動かせないのは、自分にリーダーシップが欠如しているせいだ。岩を動かすことに特化したチームをつくり、マネジメントスキルを磨くために高額セミナーを受講しよう！」という具合である。

ものすごく頭がいいはずなのに、いつも悩んでしまう人がいるのには、こうした背景がある。

では、前提を外す思考法とは、どんなものだろうか？

それを実感するために、ちょっとしたケース問題を考えてほしい。

【問題】
あるテーマパークでは、アイスクリームを販売している。アイスクリームはよく売れているが、食後のカップやスプーンを付近の芝生に捨てる客が多いせいで、近隣店舗からクレームがきている。この問題をなんとかする方法を考えてほしい。

いかがだろう？　このとき、ロジカルシンキングが得意な人の多くは、当然、「ゴミ箱を設置する」という結論にたどり着くはずだ。

思考を「縦方向」から「横方向」にずらしてみよう

どこまで意識しているかは別として、この推論には次のような前提がある。

①アイスクリームはゴミが出る
②ゴミは店舗付近に捨てられる
③ゴミは近隣店舗からのクレームにつながる

垂直思考と水平思考の違い

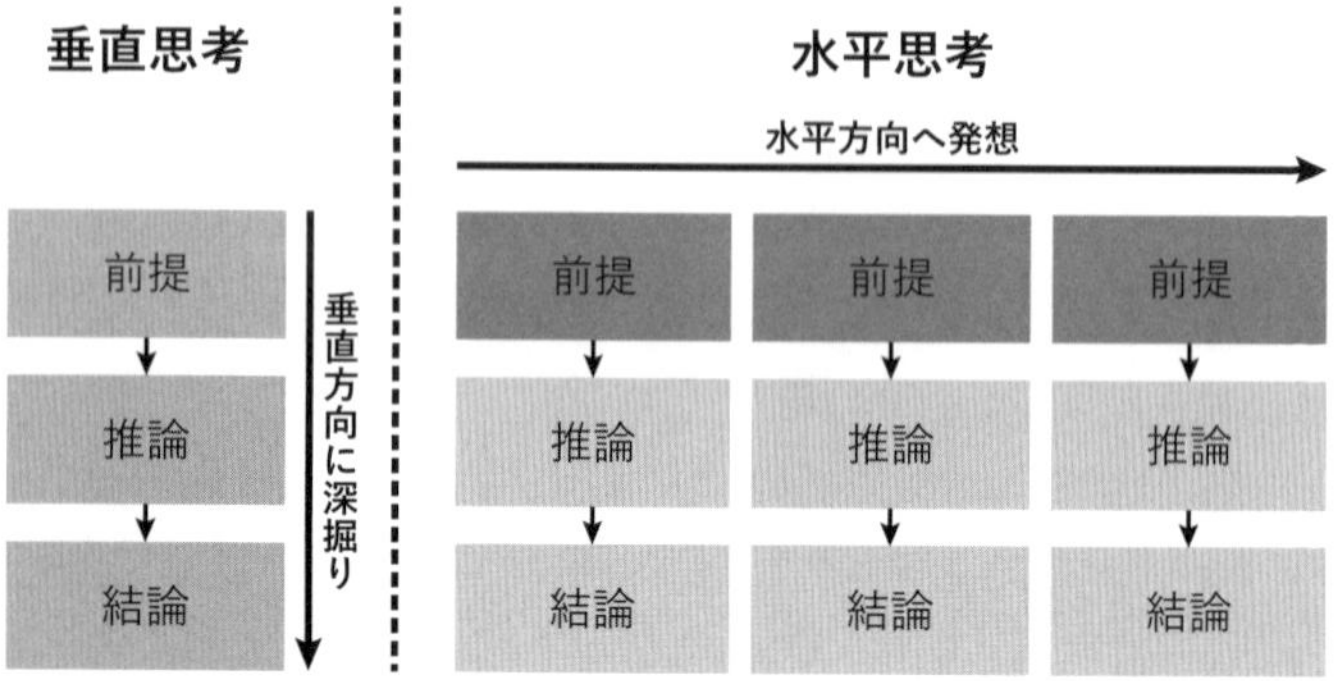

【出典】tomandfrieda「ずるい考え方　ゼロから始めるラテラルシンキング」
https://note.com/tomandfrieda/n/n6c1424f30a44

これらの前提が動かしがたいものであるなら、「ゴミを回収する仕組み」をつくろうとするのはまったく理にかなっているし、具体策としては「ゴミ箱の設置」に行き着くのも自然だ。

しかし、このとき、テーマパーク側から「美観を損ねるのでゴミ箱は置かないでほしい」と言われたら、どうするか？

多くの人はここで思考がストップしてしまう。周囲の店には「テーマパーク側が『ゴミ箱を置くな』と言うので、お客が芝生にゴミを捨てるのは仕方がないんです。私の責任ではありません」と言い訳をするしかない。これがロジカルシンキングの限界である。

一方、前提を外して物事を考えられる人がやっているのが、ラテラルシンキング（水平思考）だ。

「決まった前提」から垂直方向（バーティカル）に「決まった結論」を引き出すのがロジカルシンキングだとすると、ラテラルシンキングは水平方向に「異なる前提」を広げていき、そこから「異なる結論」を導き出していく。

悩む人はバーティカルだけ、「悩まない人」はラテラルも考える

ちなみに、先ほどのアイスクリームの事例は、1904年にアメリカで開催されたセントルイス万国博覧会での出来事である（【参考書籍】木村尚義著『ずるい考え方』あさ出版）。

現実には、次ページの表にある「A」のようなラテラルシンキングが展開された。

つまり、アイスクリームの容器そのものを食べられる焼き菓子にすることで、「ゴミの

ロジカルシンキングとラテラルシンキングの違い

	ロジカルシンキング	ラテラルシンキング		
		A	B	C
前提	①アイスクリームはゴミが出る ②ゴミは店舗付近に捨てられる ③ゴミは近隣店舗からのクレームにつながる	「①アイスクリームはゴミが出る」は本当か？	「②ゴミは店舗付近に捨てられる」は本当か？	「③ゴミは近隣店舗からのクレームにつながる」は本当か？
推論	ゴミを回収する仕組みをつくるのはどうか？	ゴミの出ないアイスクリームにするのはどうか？	お客がゴミを捨てたがらないようにするのはどうか？	ゴミが近隣店舗にとってメリットになるようにするのはどうか？
結論	ゴミ箱を設置する	容器自体を食べられる素材でつくる	食べ終わったゴミを店に返却すると、おまけやキャッシュバックがもらえる仕組みにする	食べ終わったゴミを近隣店舗に持っていくと、その店のクーポンがもらえる仕組みにする

出ないアイス」をつくったのである。これがアイスクリームコーンの誕生といわれている。

しかし、前提をずらしていけば、これ以外にもいろいろな打ち手が考えられる。「B」や「C」は試しに私が考えてみた例だ。

悩んでしまう人は、このように思考を「横方向」に展開できなくなっている。

悩みにぶつかったときには必ず、自分の思考が「縦方向」だけにとらわれていないかを振り返ろう。

22 「自分の失敗」ではなく、「他者の成功」に目を向ける。

「結局、何がどうなったらええねん？」と最終目的を聞かれた後、「そのためには何をせなあかん？」と聞かれた佐藤くんは、その場ですぐに「××を☆☆にしないといけませんね」と次のアクションを決定できた。

これこそがプロローグで触れた**問題**→**「具体的な課題」への昇華**である。やるべき「次の一手」がはっきりしたことで、佐藤くんの中のモヤモヤは見事に消えた。

しかし、最終目的に立ち返っただけで、佐藤くんのようにすぐに「次の一手」が決まるとは限らない。ゴールにたどり着くには、どんなやり方がベストなのかを見極める必要がある。打ち手の選択で失敗しないために、どんな思考アルゴリズムが必要なのだろうか？

うまくいくためのアプローチ「苦情法」と「着眼法」

ある商品をリリースしたところ、どうにも売れ行きが芳しくない。この状況をなんとかしようとSくんとTさんが担当に選ばれた。

まず、Sくんはお客さんの声を集めることにした。買ってくれた人に使ってみた感想や不満な点を実際に聞いたり、ネット上でアンケートを実施したりして、商品の改善点を洗い出していったのである。

つまり、潜在的なものも含め、お客の「苦情＝問題」を集め、それを1つずつ解決していけば、よりニーズに合致した「売れる商品」になるはずだと考えた。このようなアプローチを「**苦情法**」という。

一方、Tさんはそうした「失敗」ではなく、「**成功**」に着目した。つまり、自分たちと同じようなものを出しているにもかかわらず、よく売れている商品が世の中にないか探し始めたのである。

そして、ヒット商品を観察し、売れている理由がどこにあるかを徹底的に調べていった。その「ヒットの法則」を研究すれば、自分たちでも「売れる商品」をつくれるに違いない。このアプローチを「**着眼法**」という。

要するに、「売れない理由」を探してそれを潰していくのが「苦情法」であり、「売れているもの・人」を調べてそれを取り込んでいくのが「着眼法」である。

「苦情法」と「着眼法」という命名は、『なぜ売れるのか』（ＰＨＰ研究所）などのベストセラーで知られる「ヒット率１００％」指導の第一人者・伊吹卓《いぶきたく》さん（１９３２年生）によるものだ。いまから40年くらい前に考案されたものだが、このフレームワークには古びることのない普遍性がある。

悩まないためには「成功例に学ぶ」のがいちばん

マーケティングやセールスだけでなく、マネジメントや人材育成、さらには日々のちょっとした問題に向き合うときも、この2つのアプローチの違いを意識しておくといい。

総じて、**「悩みやすい人」は「着眼法」が苦手**である。

多くの人は「苦情法」しかやらない。手元にある情報だけでできるので、手っ取り早く簡単だからだ。一方、「着眼法」は未知のさまざまな情報を自ら探さなくてはならないので、避けてしまう人が多い。

しかし、どんなときに悩みが生まれるかといえば、それは「苦情法」では対処できない問題のときである。

ほとんどの人は、問題にぶつかるとすぐに「原因解消思考」のアルゴリズムが働き、「どうすればこの目の前の問題（＝苦情）を解消できるか？」で頭がいっぱいになってしまう。

そしていろいろと手を尽くし、どうやら問題が解決できそうもないとわかると、次の一手が何もなくなり、行き詰まってしまう。

うまくいかずに悩む人ほど、「苦情法」だけで問題に飛び込んでいこうとする。

前述の例でいうと、行く道を大きな岩が阻んでいるとき、岩を動かせるだけの筋肉をつけようとしたり、チームを結成してリーダーシップを磨こうとしたりしてしまう。そして、このやり方がうまくいかないと、「いったいどうすればいいんだ……」と悩んでしまう。

だからこそ、悩まないためには「着眼法」、つまり「**成功例に学ぶ**」のがいちばんである。「このままでは最終目的を達成できなそうだ」とわかったときは、いったん手を止め、「うまくいっている人はどうしているのか？」を調べる。これなら「次にやるべきこと」がはっきりするので、悩まずにすむ。187ページ以降で触れたとおり、「まず行動しろ」とは「**まず『調べる』という行動をしろ**」にほかならない。

そこで、「過去にゴールにたどり着いた人」についての情報をネット検索してみると、その人はヘリコプターを使っていたことがわかった。そう、必ずしもそのゲームでは「自分の足でゴールにたどり着かないといけない」というルールは明記されていないのだ。

このように、自力ではなかなか外せない「前提＝思い込み」から自由になれることも、「着眼法」の大きなメリットである。

「ググれば解消する悩み」をウジウジ考え込んでいないか

多くの人は悩みを「自分だけのもの」だと思いがちである。

しかし、全人類のだれ一人として悩んだことがない種類の悩みなど、もはや存在しない。すでに膨大な数の先人が同じ問題にぶつかり、悩み苦しんでいる。そして、それを解消した人の記録はいくらでも残っている。世の中にはたくさんの書籍があるし、ネット検索でも簡単に探せるし、ＸなどのＳＮＳにも本質的な知恵を書き込んでいる人はかなり大勢いる。

世の中の物事は次の３つのどれかである。

①考えたらわかること
②考えただけではわからないが、調べたらわかること
③考えただけではわからないし、調べてもわからないこと

ネット検索し放題、Ｚｏｏｍで人に聞き放題、エクセルで分析し放題、生成ＡＩに相談し放題のいまの時代では、ほとんどのことが①か②に含まれる。言い換えれば、「考えても調べてもわからないこと」は、現代においてはかなり少ないと思っていたほうがいい。

どうにも③だと思える事象にぶち当たったら、「ほかの人にとってはどうか？」を確認してみるといい。自分では③だと思っていたことが、周囲の人にとっては①や②だったりするときは、**日頃から「考える量」や「調べる量」がかなり不足しているという黄色信号**である。

決して難しいことは何もない。悩みかけている自分に気づいたら、とにかくまず「調べる」という行動を取ってみよう。

思い込みに基づいた仮説をもてあそぶのをやめ、「調べるひと手間」を惜しまないだけで、問題と思い込んでいたものは、きわめて具体的な課題に姿を変えるはずだ。

23

脳内でダラダラ考えない。書きながら1時間考える。

ここまで私にとって「悩まない人の考え方」の原体験となった「西山さんと佐藤くんの対話」をベースに、「問題を『具体的な課題』に昇華させる思考アルゴリズム」の骨格を見てきた。ここにはおもに5つのステップが見られる。

①「悩んでいる自分」を自覚する――（「おまえ、悩んでるんか？」）
②不快な感情の「原因」を考察する――（「何を悩んでんねん？」）
③「最終目的」に立ち返る――（「何がどうなったらええねん？」）

④別の前提から「次なる一手」を導く――（「何をせなあかん？」）
⑤新しい課題（＝やるべきこと）を実行する――（「ほな、やれや」）

佐藤くんは西山さんからの問いかけを通じて、まさにこの思考アルゴリズムを実践し、ものの1分で悩みの状態から抜け出してしまった。

しかも、他者による問いかけは必須ではない。

自分の中でこのプロセスを走らせれば、どんな問題にぶつかっても行き詰まることなく、自力で「次の一手」に進むことができるのである。

実際のところ私も、ひと筋縄ではいかなそうなトラブルにぶつかったときには、すぐにこの順序で思考を巡らしていく。それさえ忘れなければ、悩みに陥ることはない。

「課題への昇華」を〝スケジュール化〟せよ

経営者の私には、悩みのために割ける時間はない。1秒たりとも人生の時間を無駄にせず、自分がやるべきことに集中したいからこそ、**絶対に悩まないと決めている**のだ。

この5つのステップを実践すれば、どんな悩みであってもその日のうちに「**課題への昇華**」はできてしまう。126ページで触れたように、どんな悩みもせいぜい1時間あれば十分だ。

できる限り、問題が発生した瞬間にこの思考アルゴリズムを〝**ピッ**〟と立ち上げ、まとまった時間を取ってガーッと考えてしまうのがいい。

そして、やるべきことが決まったら、佐藤くんのように〝**パッ**〟と実行に移す。ここでも大切なのは「**ピッパの法則**」である（130ページ）。

もしそれができないなら、少なくともその場で「いつ考えるのか」を確定させるべきだ。

悩む人はこの「スケジュール確保」をサボっている。

「また明日以降に持ち越そう」「週明けに検討しよう」ではなく、「**○月○日○時〜○時、この1時間で考える！**」と具体的に決め、いますぐスケジュール帳に書き込むべきだ。

悩みたくないなら「書く」一択

まとまった時間に集中して検討するときには、頭の中だけであれこれ考えるのは禁物。必ず文字や図でアウトプットしていこう。

よほど頭がいい人なら、複数の物事を並行して脳のメモリ上に乗せられるのかもしれないが、ふつうの人はメモで「言語化＝外部化」しないと、思考が堂々巡りを始める。だからこそ、悩みを避けるなら**「書く」一択**である。

メモ書きのツールは、それぞれ自分に合うものを使えばいい。私も以前は紙に書いていたが、いまは「Microsoft OneNote」を使っている。

自分の前提に気づいたり、それぞれの事柄の関係を確認したり、さまざまなアクションの優先順位を判断したりするうえでは、すべてを1ページ上で見渡せるようになっているのが望ましい。

紙はもちろん、WordやPowerPointもページのサイズに限界があるが、OneNoteは無限

OneNoteで思考を広げる方法

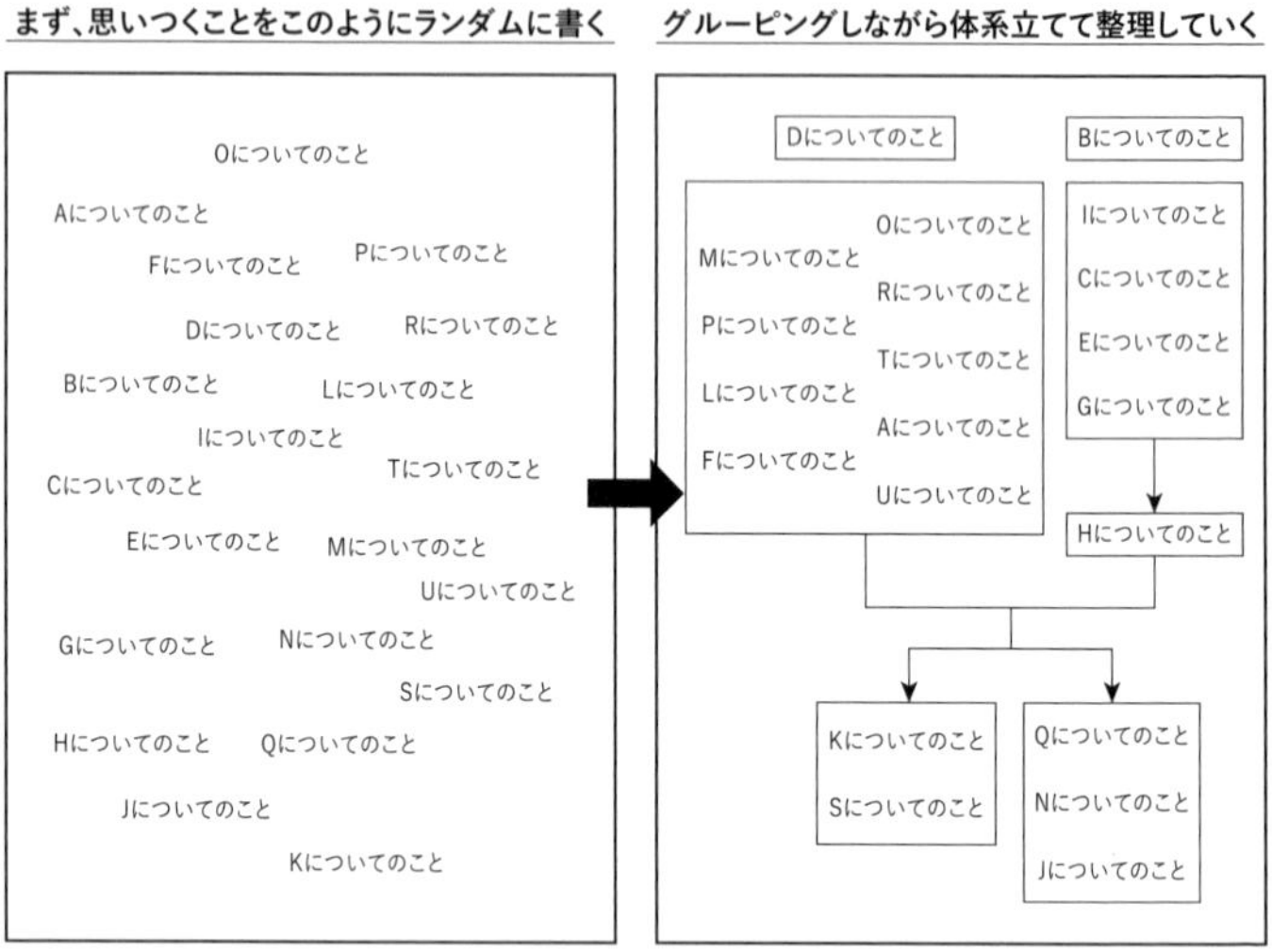

まず、思いつくことをこのようにランダムに書く

にページを広げていけるので、いくらでも自由に書き込める。書いている範囲が広がりすぎても表示サイズを調整すれば俯瞰できるし、テキストボックスも自由に動かせるので、順序を変えたり、グルーピングしたりするときにも便利だ。

上の図が実際の私の使い方だ。

使ったことがない人は、OneNote上に思考を広げていく手応えをぜひ味わってみてほしい。

24 大きなピンチのときこそ、「できていない自分」をまず疑う。

やっかいに思える問題にぶつかったときには、その解釈を変え、問題そのものをかき消してしまうか、扱いやすい具体的な課題へ昇華させ、次の一手をはっきりさせるかのどちらかが有効である。

プロローグの「大原則②」（57ページ）で触れたように、人はつい問題を正面から〝解決〟しようと、悩みの袋小路に入り込んでしまう。「だから問題の〝解消〟を目指そう」というのがここまでの一貫したメッセージだった。

しかし、シンプルに「問題の解決」に着手したほうが手っ取り早いケースもある。

ここではそれについて詳しく見ていこう。

99%は「思いどおりにいっていない」だけ

多くの人はトラブルが起きたり、壁にぶち当たったりしたとき、つい「うまくいかなかった」と考えてしまう。

しかし、ゴールにたどり着くことを「うまくいく」と定義した場合、こう考えるのは誤りである。なぜなら、たいていの問題が意味しているのは、「自分があらかじめ考えていた計画・方法の1つが失敗した」ということでしかないからだ。

それは「うまくいかなかった」ではなく、「**思いどおりにいかなかった**」と呼ぶべきである。「いまはまだうまくいっていない」だけなので、「もはやどうしようもない……」と絶望する必要は1ミリもない（プロローグの「大原則①」48ページ）。

実際のところ、世の中の問題の99%は、「うまくいかなかった」ではなく「思いどおりにいかなかった」である。したがって、計画や方法を変えさえすれば、「これからうまくいく」可能性は十分にあるのだ。

別のやり方を試して失敗しても、また何度でもやり方を修正すればいい。世の中は「10回に1回の法則」（85ページ）で動いているので、その後9回修正すれば、最後は必ず成功できる。

すぐに「万策が尽きた」とあきらめる人に足りないもの

ただし、やり方を修正していくときには、誤った前提や勝手な思い込みが入り込む。

そのまま試行錯誤するだけだと、壁にぶつかる可能性が高い。「行く手を阻む岩を動かさないといけない」という前提にとらわれ、筋トレをしたりリーダーシップを磨いたりするケースである。

実際、新規事業を立ち上げ、あらかじめ決めていたとおりに戦略を実行し、すべて思いどおりの結果が出たものの、フタを開けてみると、その事業自体が赤字だったという人を知っている。

おかしいなと思い、その戦略で想定されている市場規模や顧客単価などを細かくチェックしてみると、どう計算しても、その市場では黒字になりようがない構造になっている。つまり、前提がそもそも間違っているのだ。

このように、「思いどおりにいった」にもかかわらず、「うまくいかない」というケースもありうる。

限られた前提のもとでは、限られた打ち手しか発想できない。やり方を修正していっても、そのうち「万策尽きた……もうダメだ……」と悩みモードに入ってしまう。

これを避けるには、自分の「最終目的」を見失わないようにしながら、「前提」をずらしていく発想（ラテラルシンキング）が必要になる。

そのときに最も手っ取り早いのは、「着眼法」で他者の成功例を取り入れていくことである。

「突然のマイナス事態」はまったく突然ではないワケ

たしかに「悩まない」ためには、以上のような考え方が有効である。大きな問題にぶつかったときほど、この思考アルゴリズムを意識するといい。

しかし、同時に注意したほうがいいことがある。「マイナス100」くらいの大きな問題にぶつかったとき、そのマイナス分を取り返そうと、つい「プラス100」を狙ってしまう人がいる。そこで、これまでの前提にとらわれない斬新な一手で、起死回生を図ろうとしてしまうわけだ。

前述したように「未知の問題」の解決法は「最終目的逆算思考」だが、過去にうまくいっていたものがうまくいかなくなってきたときは「原因解消思考」が必要だ。「マイナス100」くらいの危機的な状況は、だいたい外的な原因からではなく、「自分」から生まれている。具体的にいうと、「以前はきちんとやれていたことが、いまは疎《おろそ》かになっている」可能性を疑ったほうがいい。

そんなときは、いきなり突飛なやり方に飛びつくのは得策ではない。むしろ、「以前にできていたこと」をきっちりこなす自分を取り戻し、シンプルに「ゼロ」を目指すべきである。これができれば、同じ原因でマイナスに陥ることは二度となくなる。

物事がうまくいっているときほど、いつのまにか「以前にできていたこと」ができなくなる。

会社を経営していると、これを実感する機会には事欠かない。

たとえば、何か新しい施策に着手することで、会社に「プラス100」の効果が生まれたとしよう。そうなれば、当然、私もメンバーたちも「よかった！」と喜ぶ。

しかしその背後では、新しい施策に手を割かれたことで、既存の施策の実行がいい加減になっていたりする。そのせいで「マイナス100」が生まれているのだが、新施策のおかげでそれが見えにくくなっている。つまり、実際には新施策の効果は「プラス200」なのである。

このとき、新施策の効果が一過性のものだと、その魔法が解けた途端、会社全体は元の「ゼロ」ではなく、それよりひどい「マイナス100」の状態に陥る。

これがいわゆる「スランプ」が発生する原理だ。

この「マイナス100」は、主観的には「突如として外から訪れた危機」のように映る。だから、この下落分を取り戻し、「プラス100」へ一発逆転を図ろうとする。そこで「こんなやり方はどうだろう?」とまた新しい戦略を探り始めるわけだ。

「外部要因」より「内部要因」を疑う

しかし私は、こういうとき、「以前にできていたこと」がやれていない可能性をまず疑う。「原因解消思考」の登場だ。

あらゆる数字をすべて洗い出し、過去と現在を逐一比較していくと、必ず過去よりもへコんでいる数字が見つかる。これこそ、現在しっかりと実行できていない「抜け」「漏れ」である。

このとき、真っ先にやるべきは、スランプの原因であるこの「バケツの穴」を塞ぐことである。

抜け漏れ対策を講じれば、会社の数字は元どおり「ゼロ」に戻るからだ。新しい戦略を策定して、ジタバタする必要はない。これまでどおり、やるべきことをサボらず、ただ粛々とやるだけだ。新しい戦略を実行に移すのは、その後である。

商品の売上が下がったり、会社の業績が落ち込んだりしたとき、すぐに外部環境の変化のせいにする人がいる。しかし、そうしたマクロの影響を受けるのは、ビジネス自体に相当な規模感がなければならない。「世の中のトレンドが変わったせいで……」と言っている人に限って、そんな影響が出るはずもない小さな商売をしている。

大きなマイナスはたいてい「内部要因」で起こっている。そして、そのほとんどは「これまでやれていたことがきっちりできなくなっている」だけのことである。事業規模が年商100億円に満たないビジネスをしている人が、環境や時代変化による落ち込みを訴えるのは、端的に言っておこがましい。

結果オーライは「悩みの前兆」と思え

ここではビジネスの事例を紹介したが、これはあらゆる悩みに関してもいえる。突然、いろいろなことがうまくいかなくなりだしたと感じたときには、「これから新しく何を始めるべきか？」ではなく、**「これまで自分は何を続けてきたか？　中断してしまっていることはないか？」**を考えたほうがいい。

これと似た理由で、「ラッキーパンチ」や「結果オーライ」も、悩みの原因になりやすい。経営者の世界では「経営とは思いどおりの成果を出すことだ」といわれる。つまり、経営者にとっては「思いどおりにいかなくても、結果的にうまくいきさえすればなんでもOK」なのではない。あくまでも「あらかじめ考えた計画・方法どおりに物事を運んで、成果につなげること」こそが、経営の本分というわけだ。

なぜかというと、「たまたま」や「神風」による成果には再現性がなく、翌年以降も同じパフォーマンスを上げられる保証が何もないからである。「結果オーライ」に頼っている経営者は、本来の仕事をできていないことになる。

ラッキーパンチは「やるべきことをやれていない自分」を覆い隠してしまう。その意味でとてもやっかいな存在である。

「ずっと悩んでいたけれど、なぜかたまたまうまくいった人」は、ラッキーの効力が消えた瞬間、また同じ問題にぶつかる。そのとき、足元のはしごを外され、一気に谷底に突き落とされたような感覚を抱く。そして以前より深い悩みに沈むことになるのだ。

余計なことで悩まないためには、常に「問題そのものの解消」や「問題の昇華」を探ったほうがいい。

しかしそれは、やるべきことから逃げろという意味ではない。向き合ったほうが効果が出るとわかりきっている課題があるなら、それを淡々とこなすことが、無駄に悩まないための近道なのである。

25

「成長が止まらないベテラン」がずっと続けていること。

「悩まない人」は「経験が必要だ」という思い込みから自由だ（146ページ）。

実際、余計な思い込みにとらわれているベテランより、何も学んでいない新人のほうが成果が出やすい場合がある。

とはいえ、新人ならば絶対に成功できるかというと、もちろんそんなことはない。仕事にしても人生にしても、一定の経験や知識は武器になりうる。

問題はそれらが「重し＝先入観」になることをどう防ぐかである。

「最も成長から遠い人」の特徴

「経験のある／なし」と「先入観のある／なし」の2軸で考えると、だいたい次の4タイプに分けられる。

①エース人材——経験があるけれど、先入観が入らない
②素直なルーキー——経験がないので、先入観が入らない
③凝り固まったベテラン——経験があるせいで、先入観が入っている
④偏見まみれの素人——経験がないくせに、先入観が入っている

この中でいちばん優秀なのは、経験があるけれど、先入観が入らない人（①エース人材）だ。

職場で圧倒的に活躍できる人は、まるで新人のようなフレッシュな目で物事を見つめられる。しかも、数々の経験を積み、さまざまな知識・情報を吸収し続けているので、安定

人材の4タイプ

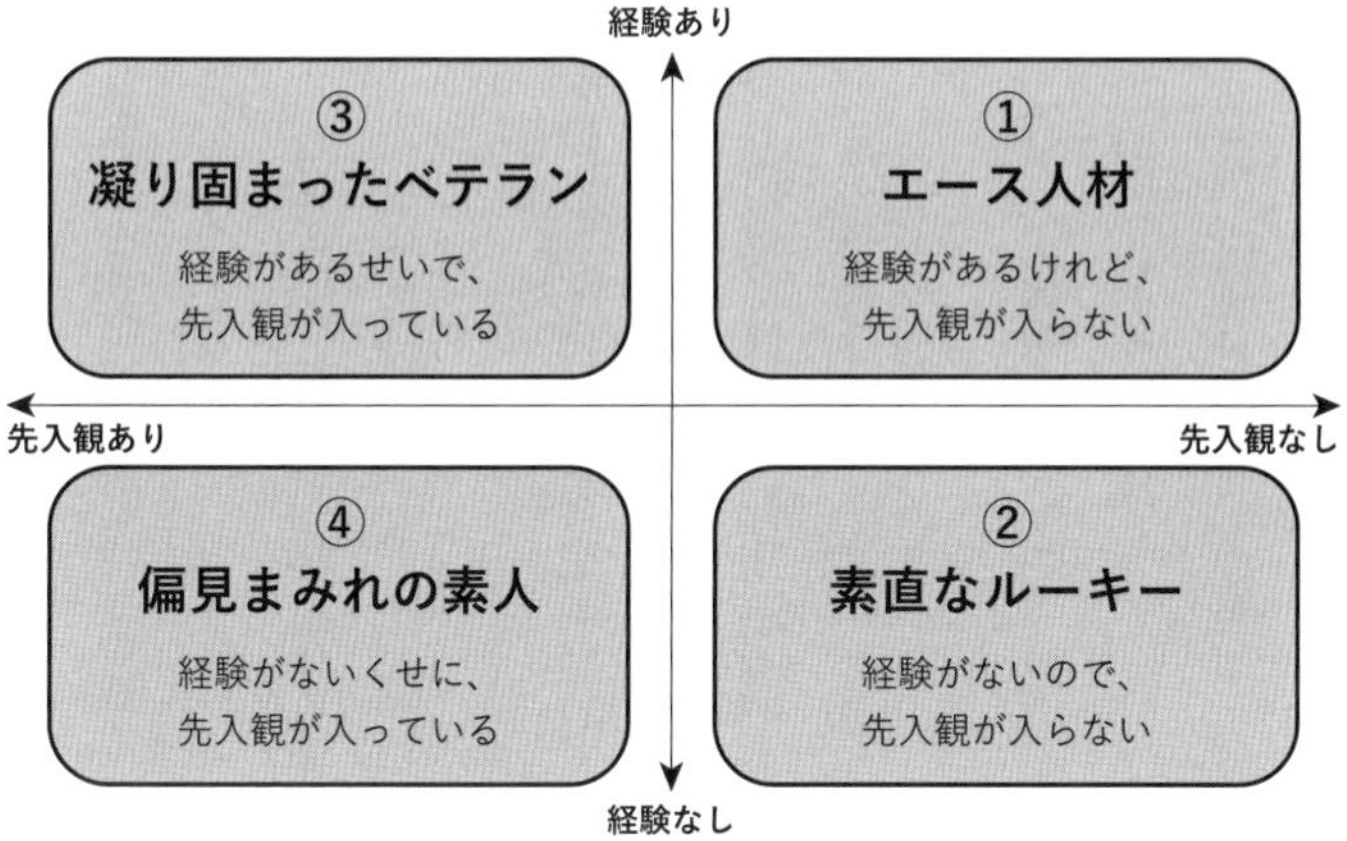

した高パフォーマンスを上げられるのだ。

次に成果を上げやすいのが、経験・先入観がない新人（②素直なルーキー）である。

そして、一定の経験を積んでいろいろな前提にとらわれている人（③凝り固まったベテラン）は、どうしてもそれにかなわない。

いちばん仕事に向かないのは、そもそも大した経験も積んでいないのに、たまたま手にしたごくわずかな情報だけで先入観をつくり上げ、その中に閉じこもってしまう人（④偏見まみれの素人）である。

この特徴は、いわゆる陰謀論やSNSのデマを信じ込む人にもそのまま当てはまる。ひとたび思い込みや迷信にはまり込むと、いくらそれを否定する情報を提示されても、一切受けつけようとしない点もそっくり同じだ。このタイプは問題が起きるたびに「他責モード」になるので、なかなか成長の機会が得られない。

「他人の経験」をたくさん摂取する
——先入観が入らない体質のつくり方①

人間の先入観は、何かを経験し、学ぶことから生まれる。
しかし、だからといって、経験したり学んだりすることをやめてはいけない。
重要なのは**「情報を取り込んでも先入観が生まれない体質」**をつくることだ。
そのためには3つの方法がある。

①「他人の経験」をたくさん摂取する
②「常識」を真に受けない
③「二流の情報」を入れない

まず1つ目について見ていこう。

先入観とは、経験や知識に基づき「自分なりの答え」を一度決めてしまい、そこで立ち止まっている状態にほかならない。それ以上の情報が一切入ってこなくなるので、「答え」が更新されなくなっている。

一方、先入観を克服できる人は、手持ちの情報をベースに、いったん「その時点での答え」は導き出してはいるものの、あくまでも「暫定解」でしかないと考えている。

だから、10の情報を持っている時点では「Aが正しい」と判断していても、その後に90の情報を得て、トータル100の情報の中から考え直し、「Aはまったく正しくなかった。Bが正しい」と結論づけることができる。さらにその後、900を学んで1000の情報をもとに判断すると、「結局、Cが正しかった」と答えが修正されている可能性もある。

「どんな答えも暫定解であり、修正の余地がある」という思考アルゴリズムを持っている人は、常に新しいことを学び続けようとする。新たな情報をつけ加えることで、自分なりの結論をどんどん薄めて「相対視」しているのだ。

逆に、先入観が強い人は、一度学んだことを「絶対視」してしまう。ビジネスの現場でも、一回でもうまくいったやり方があると、「これが正解」と思い込んでしまう。もっとベターな方法が世の中ではとっくに出回っているのに、それに気づかないまま古いやり方にしがみつく。

かつてドイツの宰相ビスマルク（1815〜1898）は「愚者は経験に学び、賢者は歴史に学ぶ」と語った。この言葉どおり、先入観にとらわれがちな人は「自分の経験」だけから学ぼうとする。

逆に、思い込みの罠にはまらない人は、自分が経験したことは大事にしながらも、「歴史（他者の経験）」からの情報収集をやめない。

その意味では、「情報のせいで」先入観が生まれるわけではない。

そうではなく、**「情報量が中途半端なせいで」**先入観が生まれるのだ。

自分の経験したことだけですべてを知った気になっているから、無意識的な前提に縛られ、どんどん悩みやすい体質になっていく。これを防ぐには、とにかく情報（＝他人が経験していること）をインプットし続けることに尽きる。

このとき、観察すべき人は「自分より成功している人」がいい。

「自分より成功している人は、まだまだたくさんいる」という自覚があれば、学びをやめることはなくなるからである。「いまの自分はまあまあすごいのかも……」と思った途端、その人は先入観の檻に閉じこもり、成長を止めてしまう。

「自分のやり方がいちばん正しい」と考えず、常に「自分よりうまくいくやり方」を探し続けよう。

「常識」を真に受けない——先入観が入らない体質のつくり方②

また、「常識」を真に受けないことも大切である。

よく先入観を取り除く方法として「何ごとも疑え」といわれるが、**「疑うこと」と「真に受けないこと」はまったく違う。**

「疑う人」は、出された食べ物を口に入れようとしない。猜疑心を持ちながら、何か毒が入っているのではないかと、食べ物を細かく観察する。

一方、「真に受けない人」は、多くの人がそれを食べているなら、ひとまず口に入れてみる。ただし、それを飲み込みはしない。あくまでも「みんなはこれを食べているんだな」と思いながら口に含んでおき、もっとよさそうな食べ物が出てきたら、いつでも口の中のものを吐き出す用意がある（もちろん比喩である）。


たとえば、以前はダイエットといえば、カロリー制限が一般的だった。ダイエット中の人はみんな食品に記載されたカロリー表示を気にして、1日の摂取カロリーが一定レベルを超えないよう必死で調整していた。これが世の中の常識だったわけだ。

だから「やせるためには、高カロリーの肉を摂らないようにし、低カロリーなパンやごはんで我慢するべき」という話が「常識」としてまことしやかに語られていた。みんながそれを当然のことと受け取り、だれも疑っていなかった。

だが、近年ではダイエットといえば、糖質制限が新たな「常識」となりつつある。体重を落としたければ、糖質の摂取を控えたほうが圧倒的に効果が高いことが知れ渡っている。

パンやごはんは控え、肉を食べたほうが体重は確実に落ちる。

ダイエットですら、世の中の「常識」は平気で変わるし、意外とあっさりと覆される。きわめていい加減なものなのだ。そのうち、「糖質制限も間違いだった」という時代がくるかもしれない。


だからといって、「すべての常識を疑え」と言っているわけではない。

ただ、常識を受け入れるときに、「そう信じている人が多いから、ひとまず受け入れつつも、新たな情報を注視していこう」というスタンスを忘れないほうがいいということだ。

ここでは、物事が客観的に正しいのかどうかという議論はしていない。あくまでも先入観にとらわれないための知的態度として、「これは絶対に正しい」というスタンスを取らないほうが有益だということである。

どんな常識も、「絶対に正しい」わけでなく、「現時点では支持している人が比較的多い」ということにすぎない。


「北の達人」は北海道特産品のＥＣ事業からスタートし、その後、健康食品・化粧品事業ヘドメインシフトした。

このとき私たちがまず決断したのが、「健康食品・化粧品の業界団体に入らない」ことだった。

「北の達人」は当時もいまも、「先入観や固定観念がないからこそつくれる商品」で成果を出してきた。よって、あえて業界での接点を持たないほうが今後も強みを維持できると考えたのだ。ヘタに業界団体に入り、業界の常識の影響を受けた結果、ふつうの商品しかつくれなくなるようでは元も子もない。

「二流の情報」を入れない——先入観が入らない体質のつくり方③

最後に大事なのは、「明らかに思考が狭まりそうな情報を入れない」ことである。

特に、自分が新参者の立場にあるときほど、「二流の常識」に毒されないよう気をつけたほうがいい。まずは自分を「三流」に位置づけする。三流の人が二流の情報を取り入れてしまうと、その後どうがんばっても二流にしかなれなくなる。「二流の常識」が一流になることを妨げる先入観として作用するからだ。

一流を目指しているなら、最初から「一流の常識」だけに触れるべきだ。わざわざ「二流の常識」を学ぶステップを挟む必要はない。

三流の人からすると、二流の人は自分より優秀に見える。だから、ひとたび二流の人の情報に触れてしまうと、そのパワーに影響されやすい。だから、そもそも二流の人とはつきあいを避けるのがいちばんである。

また、あけすけなことを言うようだが、新参者に寄り添ってくる二流にろくな人はいない。うまくいっている人は常に上を目指しているので、わざわざ下に降りてきて新参者の相手をしようとは思わないものだ。

学ぶなら、「一流の人」から学ぼう。

いくらがんばって二流の常識をコピーしても、せいぜい二流にしかなれない。

26 「非合理な自分」を受け入れる。

「有機野菜の店」を開きたいDくんのケース（106ページ）を覚えているだろうか。

彼は「店の開業資金がないこと」「提携先農家が見つからないこと」に悩んでいた。

しかし、彼の最終目的が「有機野菜を売ること」なら、どこかで有機野菜を買ってきてトラックに積み込み、駐車場などで即売会を開けば十分という話をした。

つまり、悩みがちな人に見られる「○○がないからできない」という思考アルゴリズムは、思考や行動をストップする言い訳でしかなく、「○○がなくてもできる」ことに気づけば、その場で悩みは解消する。

しかし、彼の目的が「ただ有機野菜を売ること」ではないとしたらどうか？彼は自分の店を持つことが夢で、しかも地域の農家とつながりながら活動したいとなると、少し話は変わってくる。

「なぜこのビジネスなのか」を説明できない人たち

私のところにはいろいろな人が事業相談にやってくるが、なかでも多いのが、先代から引き継いだ同族会社の経営に困っている経営者だ。

相談内容はさまざまだが、たいていの社長はこう言う。

「○○をなんとかしたいのですが、うちの業界全体がシュリンクしていまして………」

「○○に困っています。しかし、この業界の事業モデルには縛りがありまして………」

「当社の業界に外資企業が入ってきて以来、○○という問題が起きていまして………」

つまり、彼らは**問題が起きている原因が「業界」にある**ことをわかっているのだ。

私からの差し当たっての回答は「別の業界に移ったらどうですか？」になる。業界全体が沈んでいるなら、そんなマーケットにさっさと見切りをつけ、別の業界で会社が生き残る道を探っていけばいい。「この業界で事業を続ける」という前提があるせいで悩みが生まれているので、違う前提のもとで考えれば悩まずにすむ。

しかし、ここで「わかりました！　そうしてみます」と答える社長はいない。業界を移るという選択肢は、彼らには一切ないのだ。

そして、だいたいの人が「いまの業界でビジネスを続けるべき理由」をあれこれ説明してくれるのだが、そこで合理的な説明ができる社長は皆無である。無理やり根拠らしきものをでっち上げ、無茶苦茶なロジックを組み立てているようにしか見えない。「この業界で戦い続ける」というのは、まったく非合理的な経営判断なのである。

ただ、これは無理もないことだと思う。彼らが「その業界にこだわる理由」は「親から継いだ事業を守りたい」以外にはないからだ。創業社長とは違い、後継社長のほとんどは、業界や事業モデルを最初から決められている。

「非合理な自分」を許せているか？

「そんな非合理なこだわりなど捨ててしまえ！」と言うのは簡単である。

しかし、人も企業もすべてが経済合理性で動いているわけではない。「家業だから」という理由で業界を決めたっていいのだ。

それよりもよくないのは、後継社長たちが「自分の非合理性に気づいていないこと」である。

私から「そんな業界にこだわり続けなくてもいいのでは？」と言われても、自分が理屈の通らない経営判断をしていると自覚できていない。もっともらしい理屈を並べ、自分なりに筋が通っていると思い込んでいる。

しかし、これが悩みの発生源になっているのだ。

人は常に合理的に生きているわけではないし、企業にも理屈だけで説明できない部分はある。

そこにある「非合理な自分」を許して受け入れていないから、「やらなくていい理由」を自分の外に探し始め、それが悩みにつながってしまう（「お金がないからできない」「環境が悪いからできない」など）。

一方、悩まない社長なら、「別の業界に移ったらどうですか？」「そんな業界でやり続ける意味はありませんよ」と言われたとき、こう答えるはずだ。

「そうなんです。理屈が通っていないのも、もっと儲かる業界があるのも自分でわかっているんですが、それでもどうしてもこの業界でがんばりたいんです！」

こうやって相談されたら、私のほうでも「わかりました。じゃあ、その（非合理な）前提を置いたうえで『次の一手』を考えましょうか」と思える。

大切なのは、自分の非合理な部分を許すことだ。

「動かさないほうがいい前提」を見極めよう

神戸生まれ・神戸育ちの私が、北海道の特産品を扱う会社をつくろうと決めた理由の1つも、純粋に「北海道が好き」だったからだ。もちろん、それ以外の戦略的な狙いもあったものの、それだけでは説明しきれない部分があったように思う。

Dくんの最終目的が「ただ有機野菜を売ること」ではないとしたら、彼はトラックでの即売会をやらないほうがいいかもしれない。たとえば、「自分の店を持つこと」が長年の夢で、しかも「地域の農家とつながりながら活動したい」と思っているなら、その前提で「次の一手」を考えていったほうがいい。

279ページ以降で見たとおり、悩みの沼から抜け出すには、とらわれている暗黙の前提に気づき、それとは異なる前提のもとで答えを探っていくこと(ラテラルシンキング)が必要だ。

しかし、人や企業の中には「動かさないほうがいい前提」もある。

このとき大切なのは、それが何かを自分で見極めることだ。本当に「どうしても譲れないこだわりなのか」を問い直すことだ。

理屈に合わないこだわりを持っているのは、決して悪いことではない。それを認めて受け入れる思考アルゴリズムを身につければ、他者からのアドバイスを受け入れたり、次なる課題に進んだりするのが格段にラクになる。

27

「第一印象」で勝負する。

「相手によく思われたい」
「優秀な人だと印象づけたい」
「面白い人だねと言われたい」

そんな思いを持っている人は少なくない。
いくら「他者からの評価を気にするな」と言われたところで、人間には「人から好印象を持たれたい」という根源的な欲求がある。

だからこそ、「他者からどう思われるか」に人は悩みやすい。
これに関して意識するといい思考アルゴリズムをお伝えしておこう。

「第一印象がすべて」は本当か？

他人の目があまりにも気になる人は、他人に意識が向いているようで、じつは自分のことしか考えていない。「自分のことを知ってもらおう」とばかり考えていて、相手に対する興味を持てていないのが原因である。

だから、そんな人は「相手のことを知ろう」と意識するだけで、悩みの大部分が解消する。

世の中では、第一印象が重要だとされている。もちろん、第一印象がいいに越したことはない。最初に相手の心をつかめれば、仕事でもいろいろなプラスが期待できる。

しかし、少なくとも私には、初対面の相手にいきなり好印象を抱かせるだけの器用さはない。ちょっと話しただけで相手から好意や敬意を得られる人がいるが、私にはそうしたスター性はなさそうだ。

そこで私は、第一印象で悩むことをやめた。

初対面のタイミングで相手から「スゴい」「面白い」と思われようとする道をきっぱり捨てたのである。

よく知らない相手に好印象を与えようとしても、ただ空回りするだけで終わる。これはあまりにも不毛だ。

また、私はそもそも「たくさんの友人」や「広範な人的ネットワーク」をつくりたいわけではない。仕事にしろ人生にしろ、数少ないメンバーと深くつながっていられればいい。だから、第一印象で勝負して、たくさんの人に好かれる理由がないのだ。

「第二印象」を磨け——凡人のための「最強の対人戦略」

その代わり、私は「第二印象」をよくしようと決めている。つまり、二度目に会った人からよく思われることを目指しているのである。

そこで私は、初対面のときは「**相手の価値観を知ること**」に注力するようにした。1回目の出会いは「ひたすら相手のことを知るターン」であり、「こちらから自分の話をするターン」ではない。前提を変えることで、初対面の場に「**具体的な課題**」を設定したわけだ。

「この人は何を大事にしているのだろう?」
「どんな価値基準を持って生きているのだろう?」

相手が話していることにひたすら耳を傾け、それを理解することに集中する。これを経たうえで、同じ人ともう一度出会うと、格段にやり取りしやすくなるのに気づくはずだ。相手の価値観もよくわかっているので、好印象を持たれる行動も取りやすい。

私のような凡人にしてみれば、「第二印象」への注力は、かなり理にかなった対人戦略である。いきなり人に好かれる「魅力に満ちた人」は別として、ふつうの人はぜひ試してみてほしい。

初対面が「余裕」になる考え方

もちろん、相手の価値観に合わせて行動したからといって、確実に好印象を得られる保証はない。

だが、少なくとも「第一印象での勝負」を捨てるだけで、初対面の相手に妙な緊張感や焦りがなくなり、リラックスしながら会話を楽しめるはずだ。これもまた「第二印象」戦略のメリットである。

また、第一印象でいきなり好かれるのと、**「第二印象」でじわっと好かれる**のとでは、その後の信頼関係に差が出てくる。

第一印象がよすぎると、ちょっとしたことで相手を失望させたり、一気に当初の熱量が冷めてしまったりすることがある。一方「第二印象」で相手にポジティブな感情を抱いてもらえた場合には、互いの波長や考え方が合っている可能性が高いので、より強固で持続的な関係性が構築できる。

現時点で第一印象でうまくいっている人は、これまでのやり方を続ければいいが、とにかく人脈を広げたい人には、あまり効率のいいやり方とはいえないかもしれない。

また、どうしても「2度目の出会い」につなげる必要がある場面（飛び込み営業や婚活パーティなど）では、これとは違った戦略が求められる。

そう考えると、この思考アルゴリズムは決して万人向けではない。

ただ、初対面に悩んでいる人は、「第二印象」での勝負へ発想を切り替えてみてほしい。

これだけで、相当ストレスが減るはずだ。

28 リスクに怯《おび》えない人は「確率論的に」考えている。

U社長の会社はとある施策に打って出ることにした。

これを実行すれば、1000万円の利益アップが見込めそうだ。

しかし、このとき法務部から連絡が入る。

「顧問弁護士に確認したところ、この施策には競合からの訴訟リスクがあるそうです。なのでストップすべきです！」

法務部からの助言を聞き入れるべきか、退けるべきか。
あなたがU社長だったら、どんな意思決定をするだろうか？

「確率論的に考える」とは、どういうことか？

さて、「悩まない人」は、こんなとき、どんな思考アルゴリズムを働かせるのか？
U社長、法務部、顧問弁護士のやり取りを見てみよう。

法務部「社長、やはり今回はやめておきましょう！」
U社長「ちょっと待ってください。そもそも、この施策で競合から訴訟されて負けたときに支払う損害賠償額は、最大いくらになりそうですか？」
弁護士「最大で1億円くらいになるかもしれません」
法務部「1億円！　社長、これはもし負けたら1000万円どころじゃないですよ。ストップしましょう」

U社長「では、実際に訴訟になったとして、当社が負ける確率は何％くらいだと思いますか？」

弁護士「裁判はやってみないとわからない部分はありますが、10％くらいは負ける可能性があります」

U社長「なるほど……では、実際に競合が訴訟を起こす確率は何％くらいだと思いますか？」

弁護士「相手が勝てる確率が10％くらいなので、実際に訴訟を起こす確率はざっと見積もって20％でしょうか」

U社長「ありがとうございます。わかりました。今回の施策はやはり実行しましょう！」

法務部「えっ……！　どういうことですか？」

いかがだろう？　U社長がどんな思考プロセスを経て「実行」の意思決定に至ったか、わかっただろうか？

U社長は金額の多寡で判断しているのではなく、確率論的に判断しているのだ。

最大賠償額1億円、負ける確率10％、訴訟される確率20％——この3つを掛け合わせると、この施策による確率論的な見込損失額は200万円となる（1億円×0・1×0・2）。つまり、この施策は200万円の法的リスクコストを含んでいるとみなせる。

一方、この施策によって得られる利益は1000万円だった。

したがって、この施策の実行価値はプラス800万円である。

だとすると、この施策を実行しない理由はない——これがU社長の思考プロセスである。

「勇敢さ」に頼るリスクテイクは、ただのバカである

じつのところ、「北の達人」で似たような訴訟リスクを抱えたとき、私はまさにU社長のように考えた（もちろん、法的な問題がある判断はしない）。

多くの人は顧問弁護士から「訴訟リスクがある」と聞くと、それだけで思考回路がスト

ップし、「危険だ！　やめておこう」となる。しかしこれは、熟慮を経た判断ではなく、直感的な反応にすぎない。その結果、余計なことに思い悩み、適切な行動が取れなくなってしまう。

慣れていない人には「訴訟」「裁判」というものは怖いものに感じられるかもしれない。たしかに、刑事裁判になるものは1％でも負ける確率がある場合はやってはいけない。だが、民事裁判とは単なる「交渉手段」の1つである。訴訟そのものを恐れる必要性はまったくない。

恐れるべきは「訴訟」ではなく「敗訴」である。しかし、真っ当にやっていれば仮に訴訟されても敗訴する可能性は著しく低い。

私は常にリスクを確率論的に捉え、物事を判断している。

だから、実際に社内で訴訟リスクが話題になったときのために、それぞれの確率や変数を記入できるエクセルフォーマットを準備している。

これをベースに議論すれば、法務部や顧問弁護士・弁理士ともあくまでも数字に基づいたやり取りができる。

リスクを取るために必要なのは、勇気とかおもいきりのよさではない。

どこまでも「計算」である。

計算しないから、リスクが怖くて動けなくなる。だから悩む。

また、無理やり自分を奮い立たせ、リスクに対する恐怖心を打ち消す人は、勇敢なのではない。

単に**無謀**なだけ、思慮が足りないだけである。

本当の意味でリスクに怯えない人は、リスクを確率論的な計算問題として捉えている。

先ほどのケースでも、もし敗訴リスク30%、訴訟リスク40%の場合は、施策の法的リスクコストは1200万円となる（1億円×0・3×0・4）。

こうなると、期待される利益（1000万円）を上回るコストになるので、U社長は施策の実行に踏み切らないだろう。「いけいけどんどん」で強気に物事を進めるだけの人とは、ここが決定的に違う。

このように、あくまで数字ベースで考えていけば、リスクを取るか取らないかの判断に迷うことはなくなる。

「訴えられたらどうしよう……」「負けたらどうしよう……」と感情ベースで思い悩む余地もない。

29 ポジティブシンカーはなぜ、いきなり「心が折れる」のか？

「北の達人」は現在、東証プライム市場に上場している。

いま振り返ると、株式上場にあたってはそれなりに苦労があった。上場準備中に証券会社の不祥事のため別の会社に切り替えることになったり、監査法人がいきなり解散してしまったり、とにかくやっかいなトラブルが続いたのである。

上場担当の当社役員に言わせると、語り尽くせないほどの苦労があったらしい。途中のプロセスでは「正直、もう無理だろうな」と感じる局面もあったという。

だが、そうした「ストーリー」と、私の実感はかなり食い違っている。というのも、私はいまでも「思ったよりすんなり上場できてしまった」という感覚だからである。

もちろん、準備段階でいろいろトラブルが起きて急ピッチの対応を迫られることもあった。それを上場担当役員が走り回って対応して乗り越えてくれたことが大きい。

ただ、そうしたことが連発しても、私は悩んだり悲観したりすることがなかった。ずっと「そんなものだろう」と思いつつ、淡々とやるべきことをやり続けていた。

なぜ私が冷静さを失わずにいられたかといえば、事前にありとあらゆる企業の上場ストーリーに目を通してきたからだ。

世界中の企業の上場にまつわるトラブル体験談をむさぼり読んできた私にとって、株式上場にトラブルがつきものなのは自明の理だったのだ。

「もっと大変なトラブルが起きることを想定していたが、すべて想定の範囲内のトラブルしか起きなかった」という感想だ。

「明るい未来」しか見ない人が、いちばん危ない理由

ここまで読んだ方は、もう誤解していないと思うが、本当の意味で「悩まない」思考アルゴリズムを身につけている人と、単なるポジティブ人間は似て非なるものである。

「悩まない人」というのは、「最高にうまくいったときのことを考えている人」ではない。そうやって「明るい未来」にしか目を向けていない人（＝ポジティブシンカー）は、いざ物事に着手すると、本当にそれがうまくいくかどうかが不安で仕方なくなる。その感情を押し殺すために、よりいっそう「ポジティブな自分」を必死でつくり上げなくてはならない。

だから事態が暗転し、悪い方向に転がりだすと、すぐにパニックになる。自分がどこまでも転落していくように感じられ、絶望してしまう。

一方、「悩まない人」ほど、事前に「**最悪の未来**」についてじっくり考えている。想定

しうる限りの「いちばん望ましくない事態」を思い描き、そのとき自分に何が起きるのかをしっかり確認している。

そして、自分がその「最悪」に耐えられると判断したときに初めて、物事に着手するのである。

タリーズコーヒージャパン創業者が「7000万円の借金」をする前に考えていたこと

タリーズコーヒージャパン創業者の松田公太さん（1968年生）は、もともと銀行マンだった。しかし、あるときシアトルのコーヒー店に出合い、その店を日本でもチェーン展開したいと考えるようになった。

その1号店を開く場所として松田さんが選んだのが、銀座だ。当然、東京の一等地に店を構えるとなると、かなりの資金がかかる。彼は開業資金として7000万円の借金を背負うことになった。そのときのことを振り返って、松田さんはこう語っている。

「このとき、タリーズが失敗したらという最悪のケースも想定して、借金返済のシミュレーションも組んでみた。コンビニの時給は八百五十円、一日十五時間、週一日の休みで働いたとして月三十三、四万円。妻の収入からも少し回せば、月々四十万円は返していける——。最悪の状況が見えれば、『ああ、こんなものか』と怖さもなくなってきた」

【出典】松田公太著『すべては一杯のコーヒーから』新潮社)

7000万円という金額だけを聞けば怖気づいてしまうが、冷静に計算すれば15年アルバイトをすれば返せる。

もちろん、大変ではあるが、その覚悟さえ持っていれば十分受け入れ可能なリスクだった。

だからこそ松田さんは、迷うことなく7000万円の借用書に印鑑を押せたのである。

絶対に潰れない会社をつくる発想法

——許容不可リスクと「無収入寿命」

「悩まない人」は「最悪」を想定するが、どんな最悪も受け入れるわけではない。「そんな未来はとても許容できない」と思えば、迷うことなくその選択肢を切り捨てる。

たとえば、前節で見たU社長のケース（331ページ）で考えてみよう。

もし施策を実行したときに訴訟される確率が1％、負ける確率が1％だったとしても、想定される損害賠償額の最大値が100億円なら、それに手を出そうとする人はいないだろう。

このときの見込コストは100万円（100億円×0・01×0・01）なので、確率論上は施策に伴う期待利益（1000万円）のほうが圧倒的に大きい。

しかし、万が一負けたときに被る「最悪」の損失額があまりに巨大すぎる。これだけの利益のために、会社がふっ飛ぶようなリスクをあえて背負う経営者はまずいない。

私は会社経営においても、「最悪を想定する思考法」を貫いている。

私のデビュー作『売上最小化、利益最大化の法則』の中にある「**無収入寿命**」は、まさにこの考え方を経営戦略として具現化したものだ。

「無収入寿命」とは「会社の売上が突然ゼロになっても、経営を維持できる期間」のことである。

たとえば「無収入寿命12か月」の会社は、売上ゼロが続いても、少なくとも12か月間は社員に給料を渡し、オフィスの家賃・光熱費などの経費もまかなえるが、13か月目には会社を畳まざるをえないことを意味している。

何か「最悪なこと」が世の中で起こって売上がゼロになり、在庫も現金化できなくなった事態を考えてみよう（実際のところ、多くの企業にとってコロナ禍は、まさにこの「最悪なこと」だったはずだ）。

当然ながら経営はガタガタになる。そこから事業を完全に立て直すには、2年間かかるとしよう。

しかしこのとき、もし会社に「2年分の無収入寿命」を担保するキャッシュがあったらどうだろう？

最悪の事態が訪れても、会社が潰れることはまずなくなる。

逆にいうと、それだけの現金があれば、何が起きても怖くないのである。

「穴に落ちないこと」より「落ちても大丈夫な準備」を

世の中は、「最悪の事態」を深く考えないまま、大きなリスクを取る人・組織であふれている。

彼らは見切り発車で着手しているので、途中のプロセスを見守りながら必要以上にメンタルを削られ、なんとかうまくいくように「祈って」しまう。そして、いざその「最悪」が現実化しようものなら、とても受け入れられず、大きく絶望することになる。

「最悪」のレベルの大きさはあまり問題ではない。重要なのは、その中身を事前に把握し、どう対処すべきかを検討できているかだ。

借金を苦にした自殺者の平均負債額はおよそ300万円という話を聞いたことがある。

これが事実だとしたら、いかに多くの人が「最悪」を想定しきれていないことで絶望感に襲われているのかがわかる。

300万円という借金額は、クルマのローンなどを組めば、だれでも抱える程度の金額だ。

しかし、この程度の金額でも、「想定外」であった場合、命を落とすほどの絶望感につながるのだ。

穴の深さをあらかじめ確かめていないから、一度落ち始めるとパニックになる。自分がどこまで落ちていくのかがわからず、永久にこのまま戻ってこられないと思い込んでしまう。

逆に、先にだいたいの深さを知っており、「これくらいなら落ちてもなんとかのぼれるな」と思っている人は、仮に穴に落ちてもそこまでパニックにならない。「落ちてからまたのぼればいい」と考える。それだけのことだ。

結局、ここでも必要なのは「**調べる**」ことである。

人が悩むのは「最悪の事態を調べること」をしていないからだ。

「着眼法」で「うまくいっているケース」をかき集めた人がうまくいくのと同様に、「う

「悩まない人」は常に最悪を覚悟する

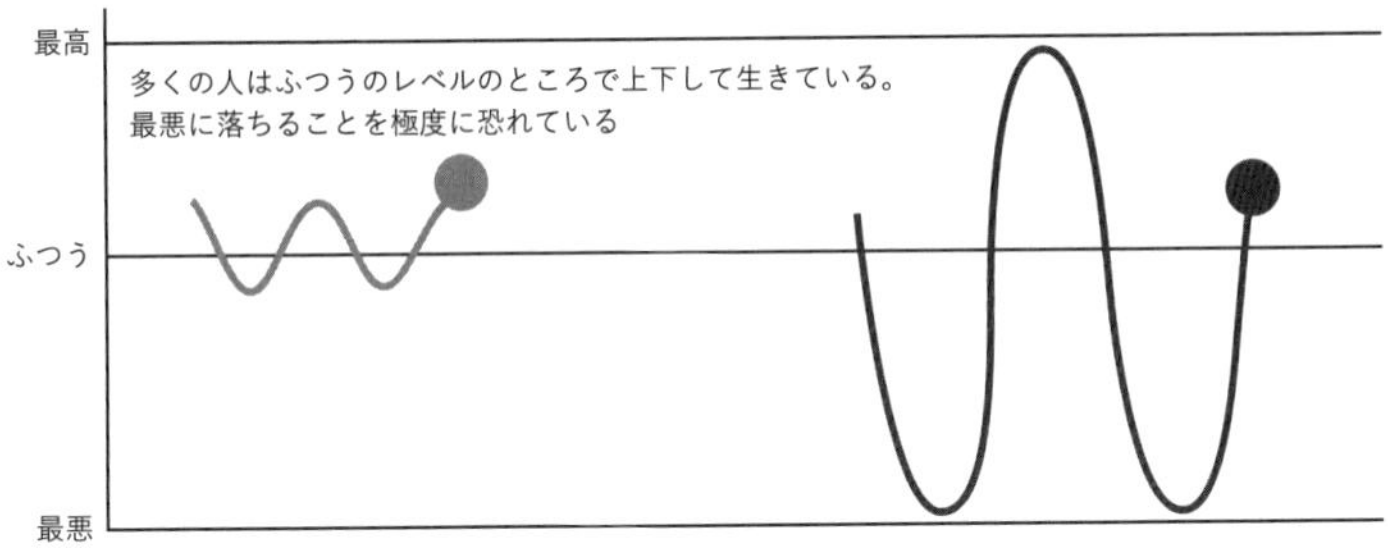
最高
ふつう
最悪
多くの人はふつうのレベルのところで上下して生きている。
最悪に落ちることを極度に恐れている

「悩まない人」は「最悪」を想定している。

最悪がどんなものかを知っている。

それを覚悟したうえでおもいきったチャレンジをするのでうまくいけば成功する。

うまくいかず最悪の状況になっても、想定内なのでそこまで悩まない。

「悩まない人」のチャレンジは失敗時のことを考えていないのではなく、失敗時のことを徹底シミュレーションしており、受け入れている

まくいかなかったケース」をたくさん知っている人ほど、どんな危機に直面しても悩まずにすむ。

最初から「どん底」を確かめる思考グセがついていて、自分がそこに落ち込んだときのこともシミュレーション済なので、穴に落ちても心をかき乱されることがない。

自分がやるべき「次の一手」に集中し、淡々と動き続けられるので、最終的には成功を手にすることができる。

30 とりあえず「ラッキー！」と口にすべき非スピリチュアルな理由。

本書もいよいよ最終セクションとなった。

ラストのテーマは「ラッキー」——である。

「最後の最後でなにやら胡散臭い話だな……」とは思わないでほしい。

いきなりスピリチュアルめいた話をするわけではないし、最後になってポジティブ思考を持ち上げるつもりもない。

ここで扱うのは、あくまで〝思考グセとしての〟ラッキーだ。

この思考アルゴリズムの意味をしっかりお伝えして、本書を締めくくりたい。

「クルマを傷つけられる側の人生でよかった！」

まだ20代の頃、ある人の講演でこんな話を聞いたことがある。

「最近、新車を買いましてね。子どもの頃からずっとほしかった車種で、がんばってやっと買ったんです。

ところが先日、その新車でデパートに行って買い物をしているあいだに、ボディにおもいっきり傷をつけられていたんです。いたずらか何かでしょうね。明らかにクギのような尖ったものを使った形跡がありました。

もちろん、一目見た瞬間、『うお〜！』と思いましたよ。

でもね、ちょっと冷静になって考えたんです。『この傷をつけた人、相当ストレスが溜まってたんだろうな』と。

だって、他人のクルマに傷をつけたところで、自分には何の得もないじゃないですか。

ヘタしたら器物損壊罪で前科者ですよ。何も得しないのに、こんなリスクを冒すなんて、よっぽど嫌なことがあって、正常な判断力を欠いていたんでしょうね……。それに比べて、ぼくは別に大きなストレスは抱えていない。人が傷つけたくなるくらいいいクルマも持っている。

クルマを傷つけられる側の人生でよかった。ラッキー!」

最初は新車に傷をつけられたという話だけかと思ったが、いつのまにか「自分はいかにラッキーなのか」という話になっていた。

「なぜこんな考え方ができるのだろう?」と興味を持った私は、講演会終了後、その人に話を聞きにいった。

「とりあえず『ラッキー!』と言うようにしているだけですよ。

『プラス思考で行こう』なんて難しいことは考えなくていい。

予想外の出来事が起きたら、先にとりあえず『ラッキー!』って言ってしまうんです。

で、その後に『何がラッキーなのか』を考える——それだけです」

悩みを「解消」するだけなら、ここまで見てきた思考アルゴリズムで十分だ。

だが、本当の意味で「悩まない人」は、ただマイナスをゼロに戻すだけではなく、**マイナスからプラスの解釈を生み出す「思考グセ」**を身につけているのだ。

「感情」にはタッチしない「思考」ゲーム

しかも注目すべきなのは、この考え方を教えてくれた本人が『『プラス思考で行こう』なんて難しいことは考えなくていい」と語っていたことだ。

起きたことを前向きに捉え直すという点では、ポジティブ思考に似ているものの、彼は自分の考え方をそれとは区別していたのである。

その人の言葉を借りるなら、これは「**とりあえず『ラッキー!』と言ってみて、後づけで理由を考える思考ゲーム**」である。単なるゲームなので、結果的に何も思いつかなくても損はしない。

もう少し別の角度からいえば、「とりあえず『ラッキー！』と言う」だけの場合、「感情」とは一切向き合おうとしていない。

とにかく大事なのは「ラッキー！」という言葉を口に出してみること。無理に「うれしい」と思う必要もない。

その場で生まれたネガティブな「感情」は、あくまでも「思考」ゲームを開始するための「合図」にすぎない。それをポジティブな感情に捻《ね》じ曲げるような不自然なことはしなくていいのだ。

この考え方の魅力に感激した私は、それ以来、ことあるごとに「ラッキー！」と口にしてみるようにしたのだ。

「ラッキー！」こそ最強の思考アルゴリズムである

前述のとおり、私は起業2年目に詐欺に遭い、全財産を失った。

にもかかわらず、翌日からそれまでどおり上機嫌で仕事に打ち込めたのは、「とりあえず『ラッキー！』と言ってみる」習慣のおかげだ。当時の思考プロセスについては、すでに述べたので引用しておこう。

知人の起業家たちと話していると、かなりの割合の人が騙されたり裏切られたりするツライ経験をしている。大きく成功している人ほど、どこかのタイミングでだれかに手ひどく騙されているのだ。

ただし、それが起業1年目なのか、売上10億円を超えた年なのか、上場1年目なのか、引退1年前なのかは選べない。当然、事業が大きくなってからのほうがダメージは大きくなりやすい。

そう考えると、最も初期の段階で「わずか120万円」を奪われるだけですんだ私は、かなりラッキーだった。（中略）事業規模が100倍に成長した段階だったら、1億2000万円を失っていた可能性だってあるのだ。（中略）

この段階で「小さな痛手」を経験できた以上、私はもう二度と同じ詐欺に遭うことはないだろう。人生の貴重な授業料と考えれば、これはかなり割安だと思うようになったので

ある。（100〜101ページ）

数日遅れで事件を知った友人たちが、あれこれ心配して慰めの言葉をかけにきてくれた。だが、一向に気に病んでいる様子がない私を見た彼らは「きっと無理してカラ元気を出しているのだろう」と思っていたようだ。

私も最初のうちは「落ち込む必要がない理由」をいちいち説明していたが、途中でそれも面倒くさくなり、友人たちの前では落ち込んでいるふりをしていた。

この体験のおかげで、私は「思考の力があれば、どんな困難も乗り切れるし、それを力に変えていける！」と自信をつけることができた。

悩みの原因を「解消」したり、具体的な課題に「昇華」したりするだけでなく、それらを「**ラッキーに転換**」できるようになると、いつしかトラブルや困難そのものが「**自分を前に進ませてくれる原動力**」に変わっていく。

私は自分の人生がガラッと変わったように感じられた。

その意味では、**「ラッキー！」こそが最強の思考アルゴリズム**と言ってもいい。

一流の経営者たちが自らの失敗を愛しているのも、彼らがこの考え方を大切にしているからである。彼らは大きな逆境に出くわしたときほど、「ラッキーと言える理由」を考え出すことを楽しんでいる。

正直なところ、私もトラブルが起きるたびに**ワクワクする体質**になってしまった。会社で社員から「これはピンチです！」「ヤバい事態が起きました！」と報告が入るたびに、私の中では「（おお！　またこれで会社が大きくステップアップするぞ……）」「（よしよし！　この社員が成長するチャンスがきたな……）」と期待感が生まれるようになっているのだ。

「ラッキー大喜利」でらくらく脳にインストール！

これは純粋に「思考グセ」の問題なので、とにかくことあるごとにこの考え方を繰り返し、「脳の習慣」として定着させていくしかない。

一定期間にわたってこの考え方を続けていると、歓迎できない事柄についても、脳が自動的に「ラッキー!」→「何がラッキーなんだろう?」と考え出すようになる。まさしく思考アルゴリズムがインストールされた証拠だ。

「ラッキーである理由」は、別にどんなものでもかまわない。他人を説得するのが目的ではないので、自分さえ納得できればなんでもいいのだ。とはいえ、最初はなかなか苦労する人も多そうなので、少しだけ練習してみよう。

題して「**ラッキー大喜利**」――。例題を挙げておいたので、自分なりの答えをぜひ考えてみてほしい。

【お題①】「突然、雨が降ってきて……ラッキー! なぜ?」
【お題②】「第一志望の会社の就職面接で落ちて……ラッキー! なぜ?」
【お題③】「妻からのお小遣いが月1万円しかなくて……ラッキー! なぜ?」
【お題④】「交通事故で1か月入院することになって……ラッキー! なぜ?」

【お題⑤】「なにげないひとことで親友を怒らせてしまって……ラッキー！　なぜ？」

いかがだろう？

次に回答例を載せておくので、自分の答えと照らし合わせてみよう。

《回答例》

【お題①】「突然、雨が降ってきて……ラッキー！　なぜ？」

・カサつきが気になっていた肌が潤う
・クルマで移動する人が増えて電車の混雑が緩和される
・買ったばかりの傘がついにデビューする

【お題②】「第一志望の会社の就職面接で落ちて……ラッキー！　なぜ？」

・自分に合わない会社に入るのを面接官に食い止めてもらえた
・もっといい会社に出合うためのきっかけをもらえた
・将来、この会社に転職するときのネタができた

【お題③】「妻からのお小遣いが月1万円しかなくて……ラッキー！　なぜ？」

・お金を無駄遣いせずにすんでいる

・どうしようもない飲み会で時間を無駄にせずにすんだ

・家計や投資プランを見直すきっかけを与えてもらえた

【お題④】「交通事故で1か月入院することになって……ラッキー！　なぜ？」

・忙しくて取れなかった長期休暇の口実ができた

・人生を振り返るタイミングができた

・好きな本・好きな映画を好きなだけ楽しめる

【お題⑤】「なにげないひとことで親友を怒らせてしまって……ラッキー！　なぜ？」

・自分の言動のよくない部分に気づくことができた

・親友が持っている新たな価値観を知ることができた

・それでも仲直りしたいと思えるほどの絆を実感できた

おわりに

ここまでお読みいただき、ありがとうございました。

最後に、この本を書くことになった経緯についてお伝えしておきたい。

「次回はこんなテーマでいきませんか？」

ある日、担当編集者が銀座の歌舞伎座タワーにある「北の達人」東京本社を訪ねてきた。

彼は、私のデビュー作『売上最小化、利益最大化の法則』のほか、『時間最短化、成果最大化の法則』『チームX』を担当している。

しかし正直なところ、そのとき提案されたテーマに、私はあまり魅力を感じなかった。

長時間にわたってあれこれ話し込んだものの、これといった落としどころが見つからない。さすがに彼も席を立とうとしていた。

そのまま手ぶらで帰すのも申し訳ないと思った私は、手元のPCで「書籍企画アイデア」のファイルを開き、見てもらうことにした。

これは自分なりに温めてきた企画のジャストアイデアを書き留めたメモで、そのときは10本くらいのタイトルリストがあった。

そのとき、編集者が真っ先に注目したのが、リストの最後のほうにあった「悩まない人の考え方」という文字だった。

そこで私は、自分なりの問題意識を話すことにした。

自社の若手社員たちが（私からすると）どうでもいい悩みにとらわれ、本来のパフォーマンスを発揮できていないこと。経営者としてそのことにもどかしさを感じていること。社員から相談を受けたときにアドバイスをしていること。さらには、これに関連して10万字以上のメモを書き溜めてきたこと――。

書店を見てみると、「悩み」関連の書籍は、僧侶や心理カウンセラー、精神科医などによって書かれたものがほとんどである。

上場企業の経営者がこのテーマについてここまで考え抜いているという事実が、編集者の目にはとても新鮮に映ったらしい。

そして、「木下さん自身は、ふだん悩みをどうやって解決されているんですか？」という編集者からの質問に対して私が放ったのが、「はじめに」の冒頭につながるひとことだ。

「そもそも私は、悩みを解決していません。
この考え方のおかげで、私はここ20年以上、悩んでいないんですよ」

こうして本書『「悩まない人」の考え方』が生まれることになった。

私という人間は、ビジネスの世界でそれなりの成果を上げてきた部類に入ると思う。

しかし、じつのところ、私は実務能力がずば抜けて高いわけではないし、とんでもなく運がいいわけでもない。仕事を進めるスピードも人並みだし、その成功確率もふつうの人と同じである。

にもかかわらず、安定して大きな成果を出してこられたのは、次の2点が突出しているからだと思う。

・タスク管理能力の高さ
・悩んでいる時間の短さ

前者の「タスク管理能力」を高める方法については、拙著『時間最短化、成果最大化の法則』にエッセンスを詰め込んでおいた。おかげさまで、多くの方々から「この本を読んで、仕事のキャパが10倍になりました!!」とうれしい声をいただいている。

そして、後者の「悩んでいる時間の短さ」については、今回、『「悩まない人」の考え方』

にすべてを凝縮した。

その意味で、本書は「思考アルゴリズム」シリーズとして『時間最短化、成果最大化の法則』と対をなす一冊といえる。


この本を通じて、悩みを真正面から「解決」しようとするのではなく、別の角度から「解消」するというアプローチがもっと広がってくれれば、著者としてもうれしい限りだ。

そして、本書を読んだみなさんが、「悩み」というネガティブな心理状態から単に解放されるだけでなく、仕事や人生においてより大きな果実を手に入れることになれば、著者としてこんなにうれしいことはない。


本書で紹介したとおり、私はさまざまな幸運な出会いにより、この考え方をいつのまにか身につけることができた。

しかし、多くの人にとって「悩まないスキル」は自然に身につくわけではない。

ある程度きっちり学び、意図的に脳にインストールしなければならないものだと思う。

とはいえ、「はじめに」で触れたとおり、ひとたびこの思考の「型」さえ身につけてしまえば、その効果は一生涯にわたって続く。『「悩まない人」の考え方』は、「人間心理」や「世の中の仕組み」に対する深い理解とつながり合っているからだ。

この先どんなことが起きても、そのときにやるべきことは同じ——。**「問題を問題でなくする」**か、**「問題を『具体的な課題』に昇華させる」**かのどちらかである。

この思考法を身につけていれば、どんなに混沌とした世界も、軽やかさを失うことなく生きていけるはずだ。

なので、読んで終わりではなく、巻頭の折り込みシートの裏面にある「悩まないための思考フローチャート」を切り離して持ち歩くか、スクリーンショットを撮り、いつでも見返せる状態にしてほしい。

そして、「あ、自分はいま悩もうとしている」と気づいたときに見返してほしい。

そしてこの「悩まないスキル」を身につけ、あなただけのすばらしい人生を切り開いていってほしい。

また、もしどこかで私と出会う機会があったら、「このスキルのおかげで、人生がどんなふうに変わったか」を教えてほしい。

そんな人が一人でもいれば、著者として本望だ。

あなたの人生がすばらしいものになることを心より願っています。

2024年8月

木下勝寿

［著者］
木下勝寿（Katsuhisa Kinoshita）
株式会社北の達人コーポレーション（東証プライム上場）代表取締役社長
神戸生まれ。大学在学中に学生企業を経験し、卒業後は株式会社リクルートで勤務。2002年、eコマース企業「株式会社北の達人コーポレーション」設立。独自のWEBマーケティングと管理会計による経営手法で東証プライム上場を成し遂げ、一代で時価総額1000億円企業に。フォーブス アジア「アジアの優良中小企業ベスト200」を4度受賞。東洋経済オンライン「市場が評価した経営者ランキング2019」1位。日本国より紺綬褒章8回受章。著書にベストセラーとなっている『売上最小化、利益最大化の法則』『時間最短化、成果最大化の法則』『チームX』（以上ダイヤモンド社）、『ファンダメンタルズ×テクニカル マーケティング』（実業之日本社）がある。

「悩まない人」の考え方
――1日1つインストールする一生悩まない最強スキル30

2024年9月3日　第1刷発行
2025年6月11日　第7刷発行

著　者――――木下勝寿
発行所――――ダイヤモンド社
〒150-8409　東京都渋谷区神宮前6-12-17
https://www.diamond.co.jp/
電話／03･5778･7233（編集）　03･5778･7240（販売）
装丁――――――西垂水敦・内田裕乃（krran）
カバーイラスト―わかる
本文デザイン――布施育哉
校正――――――宮川 咲
本文DTP／製作進行―ダイヤモンド・グラフィック社
印刷・製本―――勇進印刷
編集協力――――藤田 悠［THEORIA, Inc.］
編集担当――――寺田庸二

ISBN 978-4-478-12051-4